Ángel Saavedra. Duque de Rivas
La morisca de Alajuar

Barcelona **2024**
Linkgua-ediciones.com

Créditos

Título original: La morisca de Alajuar.

© 2024, Red ediciones S.L.

e-mail: info@Linkgua-ediciones.com

Diseño de cubierta: Michel Mallard.

ISBN rústica: 978-84-96428-60-7.
ISBN ebook: 978-84-9953-233-2.

Cualquier forma de reproducción, distribución, comunicación pública o transformación de esta obra solo puede ser realizada con la autorización de sus titulares, salvo excepción prevista por la ley. Diríjase a CEDRO (Centro Español de Derechos Reprográficos, www.cedro.org) si necesita fotocopiar, escanear o hacer copias digitales de algún fragmento de esta obra.

Sumario

Créditos _____ 4

Brevísima presentación _____ 7
   La vida _____ 7

Personajes _____ 8

Jornada primera _____ 9
   Escena I _____ 9
   Escena II _____ 27
   Escena III _____ 47

Jornada segunda _____ 59
   Escena I _____ 59
   Escena II _____ 82
   Escena III _____ 96
   Escena IV _____ 102

Jornada tercera _____ 107
   Escena I _____ 107
   Escena II _____ 113
   Escena III _____ 134
   Escena IV _____ 144

Libros a la carta _____ 157

Brevísima presentación

La vida
Ángel Saavedra. Duque de Rivas (Córdoba, 1791-Madrid, 1865). España. Luchó contra los franceses en la guerra de independencia y más tarde contra el absolutismo de Fernando VII, por lo que tuvo que exiliarse a Malta en 1823. Durante su exilio leyó obras de William Shakespeare, Walter Scott y Lord Byron y se adscribió a la corriente romántica con los poemas El desterrado y El sueño del proscrito (1824), y El faro de Malta (1828).
Regresó a España tras la muerte de Fernando VII heredando títulos y fortuna. Fue, además, embajador en Nápoles y Francia.

Personajes

Don Fernando
Corbacho
María, morisca
Malec, morisco
Mulim-Albenzar, morisco
Zeir, morisco
El conde de Salazar
Un secretario
Felisa, cristiana
Un alcaide
Abdalla, alfaquí morisco
Doncellas Aldeanas, moriscas
El marqués de Caracena
Pastores, moriscos
El comendador mayor
Moriscos conjurados
El capitán García
Soldados españoles
Un sargento

Jornada primera

La acción pasa en el reino de Valencia a fines del año de 1509 y principios del de 1610

Escena I

Representa una amena cañada en las cercanías de la villa de Alajuar, rodeada de ásperos montes. Después de cantar dentro los cuatro primeros versos, salen diez o doce jóvenes aldeanas moriscas, y detrás de ellas, María y Felisa; todas con cantarillos, como que van por agua a la fuente

Todas (En coro, dentro):
No tenga fe ni esperanza
quien no estuviere en presencia.

Todas (En coro, dentro):
Pues son olvido y mudanza
las condiciones de ausencia.

(Entran todas.)

Aldeana 2ª (Canta): Quien quisiere ser amado,
trabaje por ser presente,
que cuan presto fuere ausente,
tan presto será olvidado.

Aldeana 1ª (Canta): No tenga fe ni esperanza
quien no estuviere en presencia.

Todas (En coro cantan):
Pues son olvido y mudanza
las condiciones de ausencia.

(Vanse.)

María (Deteniendo a Felisa.)
Déjalas llegar, amiga,
al dulce raudal, y aquí
queda un rato junto a mí,
a consolar mi fatiga.
Que esa insensata canción,
con que dan vida a este ejido,
todo un infierno ha metido
en mi roto corazón.
Y miente la letra, miente,
pues amor que no es vulgar
nunca más firme ha de estar
que cuando está en un ausente.

Felisa Singular es tu constancia,
¡oh hermosísima María!,
y ese amor, que desafía
al tiempo y a la distancia.
En hora menguada vino
don Fernando a este lugar,
tu tierno pecho a enredar
en tan ciego desatino.

María No digas eso, que yo
bendigo el feliz momento
en que para alojamiento
mi casa y mi pecho halló.
En aquella temporada
que le tuve junto a mí
tan venturosa me vi,
y tan amante y amada,
que con su recuerdo solo
soy la más feliz mujer

        que en el orbe puede haber
desde un polo al otro polo.
Y un porvenir tan risueño
de encanto y felicidad
se presentó a mi ansiedad,
que voy tras él con empeño.

Felisa   ¡Ay, que los recuerdos son
dejos de un bien acabado,
y un porvenir no ha pasado
jamás de incierta ilusión!
No es, no, tan desatinada
la letra de ese cantar,
que solo te da pesar
porque estás alucinada.
Si tuvieras mi experiencia
(ya la tendrás algún día),
conocieras, hija mía,
de tu pasión la demencia.
No es decir que quepa engaño
en el pecho de tu amante;
será muy firme y constante,
pero ¡está sin verte un año!

María   Cuando, ¡ay de mí!, se marchó
de esa Flandes a la guerra,
antes de un año a esta tierra
volver amante juró.

Felisa   Ya el año cumplido es.

María   Y yo con gran fe lo aguardo,
que no es, Felisa, retardo
solo el retardo de un mes.

Felisa	De los que se van, dejando en España empeños locos, a esa Flandes, vuelven pocos.
María	Uno será don Fernando. Si conocieras, amiga, los extremos de su amor, de su palabra el valor y de su alma, que bendiga Dios, los dotes celestiales, como yo los conocí, no me afligieras así con desconfianzas tales. Vendrá, ama mía; vendrá.
Felisa	Pero, aunque vuelva, ¿qué esperas...? Quién eres no consideras, ni sabes quién él será. Tú, morisca...
María (Con viveza.)	Yo, cristiana.
Felisa (Con ternura.)	¡Hija idolatrada!... Sí, que de madre te serví desde tu niñez temprana, y con mi leche mamaste la fe más pura y leal, siendo mi gozo cabal, porque en ella te afirmaste. Y tu sangre misma..., ¡ay triste!, sin madre desde la cuna... Dios te ha dado la fortuna de que en mis brazos creciste.

Pero al asunto tornando
de tu amor, pues con razón
se me parte el corazón
otros tiempos recordando,
te diré que, aunque cristiana,
eres morisca, María,
en quien nunca halla hidalguía
la soberbia castellana.
Y de tu amante, aunque sea
falso el nombre que nos dijo,
la ilustre alcurnia colijo
de la insignia que campea
roja en su pecho español,
¡y te querrá para esposa,
aunque te adore cual diosa,
y le parezcas un Sol!

María (Con dignidad.) Hubo moros caballeros,
y moros reyes también.
¡Y quién quitar puede, quién,
su sangre a sus herederos!
La familia de Albenzar,
por más que el hado la humilla,
ni a los reyes de Castilla
nobleza debe envidiar.
Que en los muros de Jaén
ha dejado fama eterna,
y hoy un Albenzar gobierna
las torres de Tremecén.
Y si la cristiana cruz
aun lo más vil avalora,
no ha de oscurecer ahora
de mi nobleza la luz.

Felisa (Aparte.)	En cuanto hace, piensa y dice
descubre su sangre hidalga.
¡Oh recuerdos!... ¡Dios me valga!;
no sé si bien o mal hice.
(Alto.)	¡Ah!, si insensatos no fueran
de tu morisca nación
los nobles, con más razón
de su estirpe alarde hicieran.
Tal vez cual cristiana vieja
y cual de sangre española
pienso yo.
María	No eres la sola,
pues a mí también me aqueja
ver a la raza africana,
ya española, y que debía
con noble y leal bizarría
ser española y cristiana,
cerrar con obstinación
los ojos a la verdad,
y buscarse, ¡oh ceguedad!,
continua persecución.
Felisa	¿Tu talento ha traslucido
los altos intentos...?
María	Sí;
los intentos locos di,
y que el corazón partido
me tienen, pues los cristianos
los conocen y los ven,
y alistan fuerzas también
para que resulten vanos.
Verás, pues, que los rigores

                que dos veces se temieron
                y que evitarse pudieron,
                van a renacer mayores.
                Y verás de los moriscos
                en la osada resistencia
                solo una ciega demencia
                que ensangrentará estos riscos.

Felisa   Pues tu padre es...

María   Harto lloro
                la obstinación en que vive
                y ese obsequio que recibe
                de todo este pueblo moro.

Felisa (Con burla.)   ¿Esperanzas no te dan
                esas cosas que han contado
                de Alfatín, el encantado
                en las sierras de Espadán,
                de quien dice el alfaquí
                que sobre un verde corcel
                el imperio de Ismael
                ha de restaurar aquí?

María (Con desprecio.) Yo soy, Felisa, cristiana,
                cristiana de corazón,
                y oigo con indignación
                esa creencia musulmana.
                Solo desdichas espero
                de ese ardor mal entendido,
                que en nuestra gente ha encendido
                tanto ambicioso embustero.
                Mas no hablemos de esto, no;
                hablemos de don Fernando,

          a quien estoy esperando
          con el alma toda yo.

(Voces dentro.)

Una   ¡Detente!...

Otra   A la ladera...

Otra   Atajad por aquí.

Fernando (Dentro.)   ¡Cielos!

Corbacho   (Dentro y muy lejos.)
                Espera.

María (Sobresaltada.) ¿Qué acento da ese monte,
                    que poblando de horror el horizonte
                    causa en mi corazón mortal desmayo?

Felisa   (Asombrada y mirando adentro.)
                Como encendido rayo
                o perdido cometa,
                desbocado bridón que no sujeta
                el freno roto ya, veloz se mete
                con peligro espantoso del jinete
                en lo más intrincado de esas breñas.

María   (Mirando adentro.)
                Sí, ya le veo entre las altas peñas,
                que exhalación parece;
                y su dorada piel, que resplandece
                del Sol a las vislumbres,
                enciende con relámpagos las cumbres.

| | Dijérase que uniendo va con saltos
           las bajas nubes y los montes altos.

Felisa   ¡Cuán firme el caballero
           sobre la espalda va del monstruo fiero,
           ¡oh desdichada suerte!,
           despeñado a los brazos de la muerte.
           (Asustada y en ademán de huir.)
           Hacia aquí viene... Huyamos,
           que a ser despojo de su furia vamos.

María   (Horrorizada y apartando la vista.)
           Precipitóse..., ¡cielos!... ¿No lo viste?
           ¡Espectáculo triste!
           Tropezó con un risco,
           que es ya de su sepulcro el obelisco.

Felisa   (Mirando adentro con ansiedad.)
           Ya acuden los pastores...
           Quieran del Cielo airado los rigores...

María (Desalentada.) Vamos.... démonos prisa.
           Vamos allá, Felisa...
(Titubeando.)   Mas, ¡ay!..., andar no puedo...;
           rémora de mis plantas es el miedo.
           ¡Ay de mí, desdichada!

(Cae desmayada en brazos de Felisa.)

Felisa (Sosteniéndola,) ¡Cielos, cielos!... ¡María desmayada!
           Ya en gualdas se han tornado
           las rosas de su rostro delicado.
           Y la boca entreabierta,
           y los labios de hielo

17

parecen, ¡ay!, la puerta
por do quiere volar el alma al cielo.
¡María! ¡Ay de mí, triste! Ya me falta
vigor para en mis brazos sostenerla;
sobre este césped, que el abril esmalta,
mientras busco socorro, he de ponerla.
Y corriendo a la fuente
agua traeré con que regar su frente.
(La coloca a un lado sobre un ribazo.)
¡Ay cielos!... ¡Hija mía!
Caduco miro en su semblante el día.

(Vase. Entra Don Fernando, descompuesto sin capa ni sombrero, con la ropilla abierta, lleno de lodo y con algunos piquetes en el rostro. Le rodean cuatro o seis pastores moriscos.)

Fernando
Yo os adoro rendido,
¡oh Dios Omnipotente y bondadoso!,
que en peligro tan grave y espantoso
amparado me habéis y defendido.
Y a vos, ¡oh buena gente!,
gracias os doy postrado,
pues tan caritativa y diligente
para darme socorro habéis volado.
Retiraos; no fue nada
el golpe; la maleza enmarañada
lo quebrantó de modo
que lo que sangre fuera, solo es lodo.
Esa vecina fuente
me dará refrigerio competente
para el susto en sus plácidos cristales.
Tornad a esos fragosos peñascales,
en pos del bruto alado,
que tal vez del ladrido importunado

        de vuestros fieles perros,
        desatado huracán, cruzó los cerros,
        hundiéndose a sí mismo
        y a mí con él en tan profundo abismo.
        Si le halláis vivo, os ruego
        que de mano al lugar lo llevéis luego.
        Y os conjuro busquéis a un fiel criado,
        que al mirarme empeñado
        en tan tremendo lance,
        por socorrerme se arrojó al alcance.
        Y aun le escucho perdido en esas breñas
        darme de su lealtad con llanto señas.
(Vanse los pastores.) Allí la clara fuente me convida
        con su líquido hielo.
(Repara en María.) Mas ¿qué es esto que miro? ¡Santo cielo!
        Desmayada o dormida,
        una mujer sobre la hierba yace,
        y mi pecho al mirarla se deshace.
        (Se acerca y la reconoce.)
        ¡Infelice de mí! ¿Deliro...? ¿Sueño...?
        Mi dulce encanto, mi adorado dueño.
        ¡Oh celestial María!
        ¿Así te encuentra, ¡oh Dios!, el ansia mía?...
        ¡Oh!, despierta, mi bien, mi amor, despierta.
(La mueve y examina.) ¡Cielos!..., helada..., yerta.
        ¡Ay!..: ¿Para hallarla así salvé la vida?
        Siempre una desventura
        es de otra más atroz prenda segura.
        ¡María..., mi María...! ¡Oh Dios!...
(La observa.)   Acaso
        a la respiración aun lento paso
        da el labio desteñido,
        y del todo el calor aun no perdido.
        Para poderle dar presto socorro

      hacia la fuente arrebatado corro.
      (Va a marchar y se detiene.)
      Mas aquí una aldeana a toda prisa
      desde la fuente viene.
      Y con agua vendrá, puesto que tiene
      un cántaro en la mano... ¡Ay, que es Felisa!

(Entra Felisa con un cantarillo, y se detiene al ver a Don Fernando.)

Felisa   ¿Un caballero allí?... ¿Qué importa? Vuelo,
      que en desmayo mortal yace en el suelo.
      (Se acerca y reconoce a Don Fernando.)
      ¡Oh señor don Fernando!

Fernando   ¡Ay Felisa!... ¿Qué es esto?

Felisa   Desventuras, señor.

Fernando   Con agua presto
      regad el rostro de azucena.

Felisa   Cuando
      de breños el confuso laberinto
      cruzar vio a un despeñado, que sin duda
      erais, a lo que infiero,
      por amoroso instinto
      os conoció tal vez, y yerta y muda
      cayó cual veis.

(Salpica con agua el rostro de María.)

Fernando   ¡Oh celestial María!

(Se sienta junto a ella, la incorpora, sosteniéndole la cabeza.)

Felisa	Ya torna en sí.	
Fernando		Torna a lucir el día.
	¡María!	

María (Volviendo en sí.) ¿Dónde estoy...?

Fernando Sobre mi pecho.

María (Desalentada.) ¿Y el infelice que pedazos hecho...?

Fernando (Arrojándose a sus pies.)
A tus plantas tu vida idolatrando.

María (Abrazándolo, transportada de gozo.)
Delirio?... ¡Oh confusión!... ¡Cielo!... ¡Fernando!

(Permanecen abrazados un instante, y se sientan juntos, con muestras de gran ternura y contento.)

¿Es engañoso?... ¿Es ilusión?
¿Estoy soñando o despierta?...
Mi oprimido corazón
duda, y duda con razón,
que sea tanta dicha cierta.

Fernando Sí, hermosísima María;
tu tierno y rendido amante
torna amoroso y constante,
a tus plantas este día,
de un gran peligro triunfante.
Que para poder lograr
tan alta y dichosa suerte,

	cual es la de merecerte, es fuerza antes arrostrar los peligros de la muerte.
María	¿Conque fuisteis vos, Fernando, fuisteis vos aquel que vi...?
Fernando	Divino dueño, yo fui el que esos cerros salvando...
María	¡Cuán presto, ay Dios, lo temí! ¿Y no os habéis hecho nada con un golpe tan tremendo...? ¡Ay de mí, que os estoy viendo, y aún indecisa y turbada que deliro estoy creyendo!
Fernando	De un ángel en la presencia nunca puede ocurrir mal, y tú el ángel celestial fuiste, que la Providencia me dio en el trance mortal.
María (Sobresaltada.)	Pero aun estáis demudado... con sangre en el rostro..., sí.
Fernando	Acaso cuando caí entre el ramaje acopado sin yo sentirlo me herí. Mas no es nada.
María (Afligida.)	La caída resultas puede tener.

Fernando	(Con gran ternura.)
	Pues ya os he llegado a ver,
	segura tengo la vida,
	y nada debo temer.

María (Se levanta inquieta y solícita, y toma el cantarillo de Felisa.)
¡Ah! Bebed, bebed, os ruego...
Que os limpie el rostro dejad.
(Se lo limpia con el delantal.)
¡Ay!... no cesa mi ansiedad,
no puedo lograr sosiego
al veros así... Tomad.

(Le da de beber, y en tanto continúa, dirigiéndose a Felisa):

        Ya ves, ya ves, ama mía,
        si esperaba con razón,
        si mi amante corazón
        con motivo desmentía
        la impertinente canción.

Fernando	(Al acabar de beber.)
	Agua dada por tu mano,
	¡oh María angelical!,
	medicina es celestial,
	es bálsamo sobrehumano
	capaz de hacerme inmortal.

(Sale Corbacho muy fatigado, y trae en la mano el sombrero y la capa con cruz de Santiago de don Fernando.)

Corbacho	Pues, señor, yo lo celebro.
	Cuando encontrarte creí
	al pie de un áspero risco,

hecho pedazos dos mil,
tornando los arroyuelos
en espumoso carmín,
y las hierbas de esmeralda
en corales o en rubís,
te encuentro, Dios te bendiga,
cual nunca sano y gentil,
sentado en pintadas flores
y en brazos de un serafín.
Si de todas tus caídas
te levantas tan feliz,
¡vive Dios!, que a cada instante
a despeñarte has de ir.

María	¡Corbacho!
Corbacho	¡Señora mía!... ¡Felisa!
Felisa	¿Tú por aquí?
Corbacho	La soga tras el caldero, tras de su dueño el mastín. Pero, señor, ¿estás vivo...? ¿Estás vivo, sin mentir? Pues según ha sido el golpe, me asombro de verte. Y si estás ya muerto, y tan solo eres ánima sutil, me has dado el chasco más grande.
Fernando	No entiendo... ¿Qué chasco...? Di.
Corbacho	Pues, qué, ¿te parece flojo?

¿Pudiera yo discurrir
jamás, sabiendo quién eres,
y cómo vives, en fin,
que sin confesión muriendo
te encontraras en un tris,
no digo en el purgatorio,
dueño de la gloria así?

Fernando

Y qué bien, amigo, dices,
porque mi gloria está aquí.
La presencia de María,
luz de mi estrella feliz,
me amparó con su influencia,
y me salvó de morir.

Corbacho

Si conforme diste en blando
sobre el mullido cojín
de lantiscos y retamas,
contra el peñasco, que allí
está a dos dedos, te dieras
el coscorrón, juro a mí
que del mundo las Marías
todas, aunque sean cien mil,
ni las Blasas, ni las Petras,
ni las Victorianas, ni
las Alfonsas te libraran
(aunque estrellas del cenit
y flores del Paraíso
fueran en brillo y matiz)
de ser hoy huevo estrellado
o tortilla en perejil.
Mas ponte, señor, la capa;
toma el sombrero, que así
pareces una figura

de un desgarrado tapiz.
(Don Fernando se levanta, y, ayudado por Corbacho, se pone la capa, ajusta la ropilla, se limpia el lodo y se pone el sombrero, siguiendo entre tanto el diálogo.)

                     Pero esto, al cabo, ¿qué ha sido?,
                     pues no lo sé, aunque lo vi.

Fernando   Al embestirme los perros
                     que salieron del redil,
                     un bote dio mi caballo,
                     por sujetarlo rompí
                     el freno, y partió furioso.

Corbacho   ¡Endemoniado rocín!
                     ¡Después de catorce leguas,
                     que no son grano de anís,
                     y de, sin descanso alguno,
                     desde Flandes hasta aquí
                     jornada tras de jornada,
                     y no muy cortas, venir!

Fernando   No he visto otro más ligero;
                     era un corzo, era un neblí.

Corbacho   Un desatado demonio
                     debieras, señor, decir.

Fernando   ¿Y lo encontraron?

Corbacho   Tendido
                     y harto maltrecho. Hacia allí
                     se lo llevan los pastores,
                     desencajado un cuadril.

	Mas en Alajuar entremos,
	señor, y mira por ti.
	Date luego una sangría,
	pues suelen después salir
	resultas de estos porrazos.
María	(Levantándose con viveza.)
	¡Ay mi don Fernando!... Sí,
	vamos al punto a mi casa,
	donde os saldrá a recibir
	mi buen padre con los brazos,
	dándose por muy feliz
	de que a honrar vuelva su choza
	caballero tan gentil.
Fernando	Vamos, pues, a donde quieras,
	¡oh divino querubín!
	Tan encantado me encuentro
	en estando junto a ti,
	que cualquier parte del mundo
	es el Cielo para mí.
(Vanse.)	
Corbacho	Vamos, Felisa, que el susto,
	y el vocear, y el gemir
	me han abierto el apetito,
Felisa	(Recogiendo su cantarillo y el de María.)
	Corbacho, a almorzar venid.
(Vanse.)	

Escena II

Sala de Ayuntamiento de la villa de Alajuar, y salen Mulim-Albenzar, Malec, Zeir y diez o doce Moriscos de distinción, vestidos todos con bragas a la morisca y borceguíes, ropilla y capa a la española, sin golilla ni gorguera y sombreros blancos de falda, y en ellos cosidas grandes medias lunas de paño azul, que era entonces el distintivo de su raza. Todos manifiestan gran respeto a Albenzar

Mulim-Albenzar   Pues que don Diego Quijano
se ausentó con Pedro Rueda.
y por fortuna no queda
aquí ya ningún cristiano,
siendo los dos solamente
los que en nuestro Ayuntamiento
este año tienen asiento,
vamos a lo más urgente.
Lisonjeras y propicias
de todo aqueste contorno,
para el pensado trastorno
son las últimas noticias.
Y ha nuestro alfaquí llegado
de Valencia hace un instante,
con una nueva importante,
según me ha participado.

Malec   En mi casa está escondido,
aguardando la ocasión.
Y por la gran confusión
que en su semblante he advertido
algún grave mal sospecho;
aunque no me ha dicho nada,
pues sabéis que es extremada
la reserva de su pecho.

Mulim-Albenzar   Que lo más seguro es,

	pienso, el recibirlo aquí.
Zeir	Venga al punto, venga, sí.
Malec (Receleso.)	¿No fuera mejor después
verle en mi casa, no sea
que al atravesar la calle
algún cristiano lo halle?
Mulim-Albenzar	Nada importa que lo vea
el mismo alcalde mayor,
pues en este Ayuntamiento
el alfaquí tiene asiento,
que es nuestro procurador.
Y siendo hoy fiesta cristiana,
los cristianos de Alajuar
reunidos han de pasar
en su iglesia la mañana.
(A Malec.)	Llégate al punto por él
y torna al momento.
Malec (Abatido.)	Voy
mas de temor lleno estoy.
¡Pobre pueblo de Ismael!
(Vase.)	
Mulim-Albenzar	Me pasma su desaliento,
cuando jamás la fortuna
presentó a la media Luna
tan favorable momento.
El celo del islamismo
inflama los corazones
de nuestros claros varones,

que ansían con santo heroísmo
tantas afrentas vengar,
y en justa y reñida guerra
el dominio de esta tierra,
cual valientes, restaurar.
Alá bendice este celo
y nuestra santa intención,
de lo cual indicios son
esos cometas del cielo,
y esas voces de metal,
que en Velilla han resonado,
y que a España toda han dado
un desaliento mortal.
Llegado es, sin duda, el día
en que de Espadán la sierra
truene, y anuncie la guerra,
cumpliendo la profecía
del glorioso desencanto
de Alfatín, que en su bridón
de esmeraldas el pendón
alzará del orbe espanto.
En nuestro favor hoy sopla
el viento de la fortuna;
contamos, sin duda alguna,
con Francia y Constantinopla.
Mi primo, que a Tremecén
rige, sus naves apresta;
la ocasión segura es ésta.
¿Quién podrán dudarlo, quién?
Del alfaquí las noticias...,
¿por qué malas han de ser...?
Yo espero, y lo vais a ver,
que han de sernos muy propicias.

Zeir   Con Malec hacia aquí viene.

(Entra Malec y Abdalla, alfaquí, con barba blanca de anciano. Sobre el traje morisco-español traerá un albornoz blanco; mostrará el semblante grave y sombrío.)

Mulim-Albenzar   (Con afecto.)
                            ¡Oh Abdalla!... Seas bien llegado...

Todos (Rodeándole.) ¡Oh Abdalla!...

Zeir   ¡Cuán deseado!

Malec (Aparte.)   ¡Qué aspecto tan triste tiene!

Abdalla   (Con tono solemne.)
                            Dios es grande, Dios es grande.
                            Y aquello que escrito está
                            sin falta se cumplirá.

Mulim-Albenzar   Cúmplase, pues, lo que él mande.

Zeir   Abdalla, de tu expresión
                            y de tu rostro colijo,
                            y me confundo y me aflijo,
                            que tus nuevas malas son.

Malec   Hablad; las nuevas decid...

Abdalla   Dios es grande. Reverente
                            postrarse debe el creyente...

Mulim-Albenzar   (Impaciente.)
                            Pero ¿qué nuevas...?

Abdalla   Oíd.
Noble Mulim-Albenzar
y generosos varones,
víctimas de los pecados
de nuestros claros mayores,
pero que al Profeta fieles
y a la gloria de su nombre
ansiáis restaurar su imperio,
que debe regir al orbe:
sin que desaliento siembren
en vuestros pechos mis voces,
atentamente escuchadlas,
y resolved lo que importe.
Pues tal vez, cuando más recia
la borrasca el aire rompe,
más cerca está la bonanza
que en bien las desdichas torne.
A veces quiere fortuna,
redoblando los rigores,
de sus predilectos hijos
el temple y constancia noble
probar, y obstáculos nuevos
a empresas altas opone
adrede, porque la gloria
de quien los vence sea doble.
Pasé a Valencia la insigne,
cual sabéis, con intenciones
de recibir las respuestas
que de la francesa corte
y de la imperial Bizancio
esperábamos. Y acordes
el rey Enrico de Francia
y el Gran Señor sus favores

                              y su poderoso auxilio
                              nos ofrecen.

Malec   Pues entonces...
                              con un socorro tan grande...

Zeir   ¿Qué habrá, di, que nos asombre?

Abdalla   Ved que solo con ofertas
                              ambos príncipes responden;
                              con ofertas de ayudarnos
                              cuando el triunfo nos corone.
                              Pero nada nos envían;
                              ni armas ni naves disponen
                              para empezar nuestra empresa
                              y romper nuestras prisiones,
                              que es cuanto necesitamos
                              de amigos y auxiliadores.

(Ligera pausa, en que unos muestran abatimiento y otros indignación.)

                              Esto ya me lo temía,
                              porque conozco a los hombres,
                              y sé que los abatidos,
                              los que en duros eslabones
                              yacen, míseros esclavos,
                              para dar el primer golpe
                              no han de contar con más fuerzas
                              ni con otros valedores
                              que con las que da el despecho,
                              que con los que el Cielo pone
                              en idénticos apuros,
                              en iguales aflicciones.
                              Pero no penséis, amigos,

>   que el corazón me destroce
>   este primer desengaño;
>   ni es él, creedlo, quien pone
>   nuestra causa en duro aprieto,
>   pidiéndonos hoy a voces
>   o resolución gallarda,
>   o resignación conforme.

Mulim-Albenzar   (Receloso.)
                   Si la falta de un apoyo,
                   de que tú mismo dudabas,
                   no motiva el desaliento
                   que se pinta en tus palabras,
                   ¿Cuál no previsto accidente,
                   cuál nueva desdicha, Abdalla,
                   esa dura alternativa
                   con tal premura nos traza?
                   ¿Desisten las poblaciones
                   de estas ásperas montañas
                   (solo casi por moriscos
                   favor del Cielo habitadas)
                   de dar el grito de guerra
                   que ha de trastornar a España?
                   ¿Por ventura esos prodigios,
                   que han manifestado clara
                   la protección que los Cielos
                   dispensan a nuestra causa,
                   y que tú mismo, tú mismo,
                   tan favorables juzgabas,
                   se han tornado infausto agüero?
                   ¿Qué ocurre, pues...? Dilo, acaba.

Abdalla   No se ha entibiado el aliento
                   que da vida a estas montañas,

                ni la decisión valiente
                que es honra de esta comarca;
                decisión y aliento santo
                de que impacientes aguardan
                su remedio los moriscos
                que pueblan la extensa España.
                He recorrido afanoso
                en esta rápida marcha
                varios valles de estas sierras,
                en todos arde la llama
                del valor, y Guadalete,
                Ayora, Teresa, Ubácar,
                Navarrés, La Muela, Murla,
                que Alajuar dé el grito aguardan,
                porque en ti, Albenzar gallardo,
                se cifran sus esperanzas.
                Tampoco de mal agüero
                pueden ser las señas varias
                con que el Cielo nos anima
                y a los cristianos espanta.
                Y la aparición, sin duda,
                de Alfatín está cercana,
                pues ya de Espadán los riscos,
                según me informé, presagian
                con horrendos terremotos,
                y con voces subterráneas,
                que un gran prodigio conmueve
                sus misteriosas entrañas.

Malec   Pues ¿por qué, dime, te turbas...?

Zeir   ¿Por qué, amigo, te acobardas?

Abdalla   Al que tiene interés grande

                        en una empresa muy ardua,
                        para los inconvenientes
                        huye de encontrar palabras,
                        y esto, amigos, me sucede.

Malec   Fuerza es que expliques...

Mulim-Albenzar   (Impaciente.)
                                            Acaba.

Abdalla   Al punto que entré en Valencia
                        supe..., ¡ay de mí!... que llegaban
                        a todas estas marinas,
                        cubriendo todos las playas
                        de Cartagena a Tortosa,
                        cuantas galeras España
                        allá en Génova tenía,
                        y en las costas africanas,
                        y en Nápoles, y en Palermo,
                        y en Puerto-Mahón, y en Palma.
                        Y que numerosos tercios
                        de Cataluña bajaban
                        al Maestrazgo; que otros vienen
                        de Portugal, y que en armas
                        están cuantas tropas sirven
                        al católico monarca.
                        Y vi llegar de la corte,
                        con despachos y con cartas
                        de gran reserva, correos,
                        que se esparcían en varias
                        direcciones, derramando
                        ciego terror, muda alarma,
                        sin que el fin se trasluciese
                        de prevenciones tan cautas.

Y de Salazar el conde,
varón de regia prosapia,
de carácter inflexible,
cuyo valor y arrogancia
son patentes, como el odio
que profesa a nuestra raza,
llegó a Valencia ha dos días,
con la investidura sacra
de supremo comisario
del rey. Y al punto en su alcázar
reunió el cabildo, el acuerdo,
el tribunal de la infausta
Inquisición, los maestres
de los tercios y otras varias
personas de gran valía,
de nobleza y de importancia.
Y allí se instaló un Consejo,
que empezó a obrar sin tardanza
reasumiendo autoridades
y facultad soberana
compuesto del mismo conde,
que lo preside y lo manda:
del marqués de Caracena
visorrey, del patriarca,
del comendador mayor
de Castilla en Calatrava
y del valiente Mexía,
general de ilustre fama.
Y al publicarse estos nombres
y el gran poder que formaban,
las tropas aparecieron
con pendones y con armas,
con mechas la artillería,
y se alzó la horca en la plaza.

El pueblo quedó confuso,
la ciudad toda aterrada,
los ánimos abatidos,
sin que nadie penetrara
de tal trastorno el objeto,
de tanto apresto la causa.
Cuando al sonar mediodía,
aquí el aliento me falta,
desprendióse el rayo ardiente
de la nube encapotada;
vomitó el volcán oculto
sus asoladoras llamas;
lanzó aquel mar borrascoso
el monstruo de sus entrañas
contra cuantos descendemos
de la estirpe musulmana.

Malec   ¡Cielos!... Más ¿cómo?...

Zeir   ¿Qué dices?

Mulim-Albenzar   Dejémosle hablar. Acaba.

Abdalla   Publicóse por Valencia
con repique de campanas,
con gran clamor de clarines,
con ronco estruendo de cajas,
con nunca visto aparato,
con solemnidad extraña,
bando de exterminio y muerte
contra la morisca raza.

(Profunda sensación en todos los moriscos.)

Malec	¡Qué horror!
Zeir	¡Qué crueldad! ¡Oh cielos!
Malec	De nuestros planes la trama se ha descubierto, no haya duda. ¿Cómo el secreto...?
Mulim-Albenzar	(Suspenso.) 　　　　　No faltan nunca traidores, y alguno vendió su fe. Pero, Abdalla, ese bando que escuchaste, esa tremenda ordenanza ¿no será un amago solo, una impotente amenaza? ¿No será trueno sin rayo, cual lo ha sido veces tantas?
Abdalla	Ahora juzgo que no hay medio de conjurar la desgracia. En término de dos meses no ha de quedar en España ni un morisco. El duro bando salir al punto nos manda de esta deliciosa tierra, que al cabo llamamos patria, nuestras haciendas vendiendo y dejando nuestras casas. Y que seamos conducidos, ¡fiero rigor!, entre armas, cual míseros delincuentes y sin que excepciones haya, a los más cercanos puertos,

en donde están preparadas
naves, en que almacenados
nos conduzcan sin tardanza,
ni más amparo que el Cielo,
a las berberiscas playas.
Y pena de muerte impone
la tiránica ordenanza
al que se esconda o excuse
un punto cumplimentarla.
Y también pena de muerte
al cristiano que intentara
darnos amistoso auxilio
o el amparo de su casa.

Malec   ¡Oh desdicha!... ¡Oh suerte horrenda!

Zeir   ¡Oh furor!

Mulim-Albenzar
         Me ahoga la rabia.
         ¿Mas tendrá efecto tal orden?
         Di: ¿podrá tenerlo, Abdalla?...

Abdalla   El aparato solemne
con que ha sido decretada,
esos tercios, esas naves,
y el ser quien de ella se encarga
el conde de Salazar,
cuyo tesón y arrogancia
son proverbiales, afirman
que es cierta nuestra desgracia.
Cuando salí de Valencia,
abatida y aterrada,
ya diversos comisarios
con tropas se preparaban

a esparcirse en el momento
por todas estas comarcas
a dar cumplimiento al bando
con celeridad extraña.
Ved, ¡ay!, cuántas vejaciones
a un tiempo nos amenazan.
La menor es el destierro.
Más duras y más amargas
hemos de apurar..., ¡ay tristes!
Amigos, consideradlas.
(Muestran todos gran abatimiento.)
Ya tal vez por el camino
viene, y llegará mañana
en medio del aparato
de arcabuces y de lanzas,
el que robe nuestros bienes,
el que manche nuestras famas
y nuestra honra en las personas
de hijas, esposas y hermanas;
el que nuestros tiernos hijos
nos arranque con las almas.
El que, en fin, harto de horrores
nos saque de nuestras casas
abrumados de cadenas,
ludibrio de infiel canalla,
y nos conduzca a esas naves
para alejarnos de España.
Ver si con razón me aflijo;
ved, pues, si queda esperanza.

Mulim-Albenzar (Con desesperada resolución, quitándose el sombrero.)
Sí queda, ¡voto a Alá! Queda la muerte,
que es preferible a tanta desventura,
y arrostrar con valor el trance fuerte,

alarde haciendo de marcial bravura.
Triunfar acaso logran de la suerte
más lamentable, embravecida y dura
un noble arrojo, un generoso pecho
y aquel santo furor que da el despecho.
No presentéis cobardes la garganta
al cuchillo, cual tímidos corderos.
En tanto apuro, en desventura tanta,
vuestro antiguo valor cobre sus fueros,
y si el cristiano la soberbia planta
en la noble cerviz ha de poneros,
antes se anegue en un sangriento lago,
y el triunfo compre con su propio estrago.
Resuene en Alajuar el santo grito,
y ecos encontrará por toda España.
De los nuestros el número infinito
arde hace tiempo en vengativa saña.
Este horrendo rigor tan inaudito,
esta persecución nueva y extraña
apresure el trazado movimiento;
sea la señal del súbito alzamiento.
Sí, nobles y oprimidos musulmanes,
que de España os llamasteis los señores:
tengan honroso fin nuestros afanes,
digno de nuestros ínclitos mayores.
Tremolada en guerreros tafetanes
torne a esparcir gloriosos resplandores

(Agita el sombrero y les señala en él la media Luna de paño azul.)

                      esta Luna sin luz, marca hoy de afrenta,
                      que esclavitud y oprobio representa.
(Agitación general.) Tal vez, y con razón, el Cielo airado
                      de ver que nuestra empresa se retarda,

	excitar de este modo ha decretado
	nuestra resolución firme y gallarda.
	Al fuego del valor desesperado
	la España toda se confunda y arda,
	o el dominio, o la muerte en esta tierra.
Todos	(Con gran entusiasmo.)
	¡Viva, viva Albenzar! ¡Venganza y guerra!
Mulim-Albenzar	(Con dignidad y entereza.)
	Basta. Ese grito heroico descendientes
	de abuelos tan preclaros os pregona.
	Que otra vez el valor de los creyentes
	desde Cádiz se extienda a Barcelona,
	o en la honrosa demanda, cual valientes
	pereciendo, logremos la corona
	con que nombre inmortal solo se alcanza.
Todos	¡Viva, viva Albenzar! Guerra y venganza.
Abdalla (Con fervor.)	Bendito por siempre Alá,
	y el Profeta sea bendito,
	que os inspiran ese grito,
	que de victoria será.
	Cesó ya mi abatimiento,
	pues nacía de temer
	que iban mis nuevas a ser
	para vos de desaliento.
	Mas si produjeron ya
	tan noble resolución,
	dichosa fue mi misión.
Todos	¡Bendito por siempre Alá!

Mulim-Albenzar (Calándose el sombrero y con tono de autoridad y de mando.)
>Pues, amigos, no perdamos
en acción tan importante
tiempo alguno, y al instante
a ponerla en obra vamos.
El castillo que campea
en ese cerro plantado,
aunque está desmantelado
nuestro firme apoyo sea.
Malec, sin perder momentos
ocúpalo con tu gente
y apresta lo conveniente
de armas y de bastimentos.
Yo tengo oculto un cañón
que a sus muros subirá,
y en ellos tremolará
nuestro lunado pendón.
A su abrigo conduzcamos
viejos, niños y mujeres,
nuestros tesoros y haberes,
que así más sueltos quedamos.
Con seis jinetes, Zeir,
de Valencia has de guardar
el camino, sin dejar
a nadie, a nadie, venir,
como no sean moriscos,
que a su santo rito fieles,
vengan a coger laureles,
en estos pelados riscos.
En Alajuar sin recato
la alarma se esparza luego,
truene el escondido fuego,
y que se toque a rebato.

                    Armas tenemos sobradas,
                    y municiones también;
                    en un oculto almacén
                    tengo cien picas guardadas,
                    arcabuces y ballestas,
                    adargas y coseletes,
                    dos montados falconetes,
                    pólvora y balas dispuestas.
                    Tú, Abdalla, al punto has de ir
                    a dar de la guerra el grito
                    por los pueblos del distrito,
                    y su aliento a dirigir.
                    Las vecinas poblaciones
                    su juventud sin tardar
                    nos envíen a engrosar
                    nuestras filas y escuadrones.
                    En Ayora y Navarrés
                    los castillos se provean,
                    y bien guarnecidos sean,
                    que importante cosa es.

Malec   ¿No fuera bueno empezar
                    dando fin de los cristianos,
                    que, aunque pocos, tan ufanos
                    se Ostentan en Alajuar?

Mulim-Albenzar   (Con autoridad.)
                    No, Malec. Tú mismo dices
                    que son pocos, y temor
                    no dan a nuestro valor.
                    ¡Qué pueden los infelices!
                    Huirán al punto de aquí,
                    y marchar los dejaremos.
                    Con noble gloria empecemos

	nuestra santa empresa, sí.
Zeir	Pero al alcalde mayor es necesario prender.
Mulim-Albenzar	¿Qué puede un anciano hacer? Lanzarle será mejor.
Abdalla	Mas es forzoso, Albenzar, que forastero cualquiera que hoy llegue a la villa, muera, para el golpe asegurar. Cual dije, a dar cumplimiento al bando terrible, varios alcaldes y comisarios de Valencia en el momento iban, no hay duda, a salir. Y el que a nuestra villa venga fuerza es que la muerte tenga, si es que hemos de resistir.
Mulim-Albenzar	Eso es justo. El forastero que ose venir a Alajuar, si es cristiano, ha de encontrar la muerte en mi propio acero. Vamos, pues.
Todos	¡Venganza o muerte!
Malec	Vamos, pues.
Todos	¡Guerra y venganza!
Mulim-Albenzar	Probemos adónde alcanza

nuestra venturosa suerte.

Escena III
Sala baja de la casa de Mulim-Albenzar, y salen Felisa, María y Corbacho

Felisa   Dejémosle reposar,
                  pues que se durmió tranquilo.

María   Tengo, ¡ay!, el alma en un hilo,
                  temiéndome algún pesar.
                  De tal susto y de caída
                  tan espantosa y terrible
                  parece cosa imposible
                  haber salido con vida.
                  Y malas resultas temo,
                  aunque esté tan sosegado.

Felisa   Debiera haberse sangrado.

María   Lo resiste con extremo.
                  Ya ves que ni aun ha querido
                  almorzar.

Felisa   Mas se durmió.

Corbacho   Pues almorzar quiero yo,
                  que, a Dios gracias, no he caído.

María   ¿Conoces ahora, ama mía,
                  si es leal mi corazón,
                  y si dije con razón
                  que don Fernando vendría?
                  ¿Conoces ya cuán cabal
                  es mi amante?... Loca estoy;

            mas esta dicha de hoy,
            debiendo ser sin igual,
            me la tiene acibarada
            de su salud el cuidado,
            y el modo tan desastrado
            con que ha sido su llegada.
            Que es mal agüero, en verdad.

Felisa   Yo tal agüero no hallo.
            Que se desboque un caballo
            es una casualidad.

María   Y dime, Corbacho amigo:
            ¿se ha acordado tu señor
            mucho en Flandes de mi amor?

Corbacho   Como constante testigo
            de cuanto hace, dice y piensa,
            puede mi fe asegurarte
            que vive para adorarte,
            y que jamás te hizo ofensa.
            Eres tú su único afán
            y su solo pensamiento.
            Por ti anda papando viento,
            hecho un pelele, un bausán.
            En el campo, en el cuartel,
            en la villa, en el camino,
            siempre el mismo desatino
            por ti he descubierto en él.
            Y dormido te nombraba,
            y parece que, no había
            más nombre que el de María,
            pues a todo lo encajaba.
            ¿Y al venir? ¡Oh santo Cielo!

¡Qué jornadas!... ¡Qué impaciencia!
¡Qué madrugar!... ¡Qué demencia!
En fin, a ti misma apelo,
porque más precipitado,
ni, por desdicha, más listo,
estoy cierto que no has visto
llegar a otro enamorado.

María   Felisa, soy, venturosa.

Felisa   (Con melancólica expresión.)
Quiéralo el Cielo, María.

María   ¿Y lo dudas?...

Felisa   ¡Hija mía?

María   ¿Qué te tiene recelosa...?

Felisa   Nada. Sabes el desvelo
con que amante te crié,
y que siempre pediré
que te haga dichosa al Cielo.

María   (Abrazándola con ternura.)
Lo sé, y que cuando perdí
mi buena madre al nacer,
Dios me concedió el tener
otra tierna madre en ti.

Felisa   (Profundamente conmovida.)
Mil veces te he repetido
que tu origen...

María	(Interrumpiéndola con viveza.) Basta; no.
Corbacho	Almorzar quisiera yo, que, a Dios gracias, no he caído.
María	Dice bien. Anda, Felisa, y dejemos a la suerte...
Felisa	Hija, voy a obedecerte. Tu padre viene, y de prisa.

(Vase con Corbacho.)

María	Como con tanta amistad y cariño a don Fernando trató mi buen padre cuando pasó aquí la enfermedad, y aquel favor le debimos con el duque de Gandía cuando por la gran sequía tanto ganado perdimos, con gran gusto va a saber que a vernos ha regresado. Mas ¡cielos!... ¡Qué demudado llega!... ¿Qué podrá tener...?
(Mirando a la puerta.)	Con ese infame alfaquí se ha parado en el pontón. ¡Qué aspecto!... ¡Oh Dios! ¡Qué expresión!... Me causa espanto... ¡Ay de mí! Mas ya viene.

(Sale Mulim-Albenzar, receloso, pensativo y agitado, y como hablando consigo mismo. María le sale al encuentro con inocente alegría.)

¡Padre mío!

Mulim-Albenzar   Fátima...

María (Con presteza.) ¡Padre!... María.

Mulim-Albenzar   (Indeciso.)
No..., que ya ha llegado el día...

María (Apresurada.) Dejad ese desvarío. Sabed.

Mulim-Albenzar   (Con sobresalto.)
¿Qué...? Di...

María   Que ha llegado...

Mulim-Albenzar   ¿Quién, quién? Dime...

María   El caballero
que hace un año, un mes entero
tuvimos aquí alojado.
El que nos recomendó
al duque con celo tal
que todo nuestro caudal
por su influjo se salvó.

Mulim-Albenzar   (Con muestras de sorpresa y de confusión.)
¿Quién...? ¿El señor don Fernando?

María   El mismo.

Mulim-Albenzar   (Agitadísimo.)
¿Ha llegado hoy...?

María	Una hora habrá.
Mulim-Albenzar	Muerto estoy, ¡oh cielos!... Y dime: ¿cuándo...?
María (Turbada.)	Después de la primer misa fuíme a la cercana fuente, cual tu amor me lo consiente, con mi buen ama Felisa. Y un caballo y caballero despeñados vi cruzar el monte, viniendo a dar cerca de un despeñadero. De susto me desmayé, y cuando a alentar volví, sin lesión cerca de mí a don Fernando encontré. Era él, que se había caído, y por milagro patente de riesgo tan inminente sano y salvo había salido. Pero con el golpe y susto estaba tal, que creí que al punto traerlo aquí fuera, señor, darte gusto.
(Con timidez.)	Perdóname si hice mal. Como tan alto favor e debemos...
Mulim-Albenzar	(Aparte.) ¡Oh rigor!... ¡Oh compromiso infernal!
(Alto, con firmeza.)	¿Está en casa?

María	Sí... Durmiendo.
Mulim-Albenzar	(Fuera de sí.) ¡Infeliz!... ¡Terrible suerte! Ha venido a hallar la muerte, y yo..., ¡destino tremendo!
María (Asustada.)	¡Padre mío!... ¡Oh confusión!
Mulim-Albenzar	(Precipitado.) Dime: ¿le han visto llegar...?
María	Todo el pueblo de Alajuar.
Mulim-Albenzar (Resuelto.) (Saca un puñal.)	¡Oh desdicha!..., ¡oh perdición! Riesgo corre su persona si sospechan... Yo el primero ofrecí que con mi acero... ¿Y perderé una corona...? No, es cristiano, es enemigo...
María	(Consternada y deteniéndolo.) ¡Padre..., esa furia templad! ¿La santa hospitalidad a un protector, a un amigo dada, violaréis?
Mulim-Albenzar	¡Ay Dios!
María	¿Un Albenzar eso piensa? ¿Y por qué?... ¿Cuál es la ofensa?

	Volved por vos mismo en vos.
Mulim-Albenzar	(Confundido.) Hija mía..., se aventura...
María	(Con vehemencia.) Y qué, ¿vos, señor, seréis asesino, y mancharéis vuestra sangre?
Mulim-Albenzar (Guarda el puñal.)	(Resuelto y como volviendo en sí de un delirio.) Quede pura. Don Fernando viva, sí. Sin un instante perder huya. Ni yo he de saber que un momento ha estado aquí.
María	Mas ¿por qué? ¡Padre! ¡Señor!
Mulim-Albenzar	(Con viveza.) El pueblo airado a matarle vendrá muy pronto, y salvarle no podré de su furor.
María	¿Por qué?
(Suenan dos tiros.)	
Mulim-Albenzar	(Sobresaltado.) ¿No escuchas?
María (Asustada.)	¿Qué es esto?
Mulim-Albenzar	(Precipitado.)

	Que hoy la morisca nación
	va a vengar tanta opresión
	en que el cristiano la ha puesto.
	Que hoy va a decidir la suerte
	de nuestra varia fortuna,
	y a alzarse la media Luna
	por lograr...

Voces   (Dentro, a lo lejos.)
                    ¡Venganza o muerte!

Mulim-Albenzar   (Agitado.)
                    Corre... Mancharme no quiero
                    la hospitalidad hollando.
                    Sálvese... Huya don Fernando.
                    Líbrame de un crimen fiero.

María (Afligida.)   Su caballo está rendido.

Mulim-Albenzar   (Apresurado.)
                    Que tome mi yegua pía,
                    que a los vientos desafía,
                    y por el cercado ejido
                    vuele y salga de esta tierra
                    sin acercarse a poblado,
                    pues en toda ella está alzado
                    pendón de...

Voces (Dentro, cerca.) ¡Venganza y guerra!

(Suena redoble de tambores. Entran muy asustados Corbacho y Felisa.)

Felisa   ¡Hija del alma!... ¡Qué miedo!
                    El pueblo todo... ¡Ay señor!...

	Al viejo alcalde mayor...
	¡Ay Jesús!... Hablar no puedo.
Mulim-Albenzar	¿Qué dices?
Felisa	Yo no lo sé.
Corbacho	Un infierno es el lugar.
	Me quedé sin almorzar.
Felisa	Las vecinas dicen que...

(Suenan voces, tambores y trompetas.)

Mulim-Albenzar	(Con gran inquietud.)
	¡Hija mía..., corre, vuela!
	Sálvese ese caballero...
	Mis caballos, mi dinero.
	¡Pronto, y con grande cautela!...

(Vase María.)

Corbacho	Serio este negocio va.

(Vase.)

Felisa	El perro del alfaquí
	corre pálido hacia aquí.

(Vase.)

Mulim-Albenzar	¡Cielos!... ¿Si se salvará?

(Entra Abdalla precipitado.)

Abdalla
¡Ay!, todo está perdido
si no calmas al pueblo enfurecido,
que en aqueste momento despedaza
al alcalde mayor en esa plaza,
donde la airada muchedumbre crece.
y brama, y armas busca, y se enfurece,
pidiendo en, alto grito por venganza
de los cristianos todos la matanza.
Y un rumor ha corrido
de que en tu casa tienes escondido...

Mulim-Albenzar
(Interrumpiéndole con viveza y enojo.)
Que haya concierto y orden interesa
si se ha de conseguir tan alta empresa.
Vamos, amigos, vamos,
y ese ardor y ese aliento dirijamos.

(Vanse. Suena ruido de voces, de tambores, trompetas, tiros y campanas.)

Fin de la primera jornada

Jornada segunda

Escena I
Representa una habitación interior del antiguo castillo de Alajuar; tendrá una ventana practicable que da al monte. A un lado se verán armas y municiones: al otro, un lecho de damasco, varios sillones antiguos y un bufete.

Aparece María, sentada y pensativa.

María   ¡Cielos!..., Felisa no viene,
         y al verme en esta mansión
         tan sola, mi corazón
         un monte sobre sí tiene.

(Se levanta y se asoma a la ventana, y dice desde ella:)

         Nada veo, no oigo nada.
         Nadie descubro en la sierra.
         Sin duda alguna la guerra,
         ¡plegue a Dios!, está acabada.

(Se retira de la ventana, vuelve al centro de la escena y se pasea inquieta.)

         En tan ciego desconcierto,
         en tan borrascoso mar,
         ¿dónde puedo luz hallar?
         ¿Dónde se me ofrece un puerto?
         Solo desastres advierto,
         hallo solo confusión
         cuando quiere mi razón
         anhelosa descubrir
         el probable porvenir
         de tan dura situación.
         Si han los moriscos triunfado

en su intento criminal,
yo cristiana, yo leal,
¿puedo quedar a su lado?
¿A mi padre coronado
veré, y ser restaurador
de la impiedad, del error,
siendo fiel..., siendo cristiana...?
Dadme, ¡oh Virgen soberana!,
en tal conflicto favor.
Y si la justicia santa
de Dios prepara el castigo
a este bando, ¿qué enemigo
contra su ley se levanta?
Si confunde audacia tanta,
y en cadalso inicuo y vil
paga la raza gentil
el crimen de rebelión,
¿yo... a mi padre...? El corazón
se me hace pedazos mil.

(Pausa.) Aunque morisca, abrigando
tan noble sangre, podía
esperar ser algún día
la esposa de don Fernando.
Mas ya..., ¡infeliz!... ¿Cómo o cuándo
de un musulmán, de un traidor,
o vencido o vencedor,
pudiera esperar la hija
que para esposa la elija
un castellano señor?
¡Ay!... Al conseguir mi anhelo,
en el venturoso instante
en que tornaba mi amante
a coronar mi desvelo,
la hermosa luz de aquel cielo

negra nube me robó,
y esta borrasca tronó,
que del solio del Sol mismo
en tan espantoso abismo
mis dichas precipitó.
¡Mísera!... ¡Desventurada!
¡Con qué instinto tan certero
tuve por de infausto agüero
de mi amante la llegada!
Ya seré de él detestada.
Sí; su conciencia, su honor
le harán mirar con horror
mi raza; y ha de anhelar,
combatiéndola, expiar
haberme tenido amor.
Solo un camino me queda
en tan angustioso apuro,
y lo seguiré, lo juro,
en cuanto seguirlo pueda.
Dios piadoso me conceda
su favor, y buscaré
un claustro, donde hundiré
esta vida sin ventura,
y en donde conserve pura
mi lealtad, mi honra y mi fe.

(Queda en profundo abatimiento, del que la saca repentino y lejano rumor de tiros y de cajas.)

¿Qué escucho...? ¿Nuevo rumor...?
Todo estaba hace un momento
tranquilo.

(Corre a la ventana y continúa desde ella mirando a una parte y otra.)

                Gran movimiento
observo ya en rededor.
Crece el estruendo a lo lejos,
y de armados escuadrones
los yelmos y los pendones
deslumbran con sus reflejos.
Van por aquella ladera
tropas... ¡De mi padre son!
¡Cielos!... Nueva confusión
de mi pecho se apodera.
Mas ¿qué miro...? De la villa
nubes espesas de humo
se levantan a lo sumo:
espantoso incendio brilla.
A este castillo, azoradas,
las mujeres, que han bajado
al lugar abandonado,
regresan precipitadas.
Y mi buen ama Felisa...
Allí viene; sí, ella es.

(Agitando un pañuelo y en alta voz:)

                Ama mía, corre, pues.
Yo te aguardo..., date prisa.

(Se retira de la ventana. Entra Felisa, muy fatigada y despavorida con una gran cesta llena de ropa y la pone sobre el bufete.)

María (Abrazándola.) ¡Ama mía!

Felisa   ¡Hija del alma,
hija mía, vengo muerta!

                    El retirarse las tropas
                    fue, sin duda, estratagema,
                    para coger en celada
                    a los moriscos dispuesta.
                    Y Dios sabe los peligros,
                    los afanes y las penas,
                    que a nosotras, infelices,
                    su cólera nos reserva
                    por mantenernos con ellos
                    en tan inicua revuelta.

María   Pero ¿qué es esto?

Felisa   María,
                    mis labios a hablar no aciertan,
                    que de terror y cansancio
                    vengo que respiro apenas.
                    Después de tan largos días
                    de afanes y de miserias,
                    de zozobras y de angustias,
                    al ver hoy a la primera
                    luz que las cristianas tropas
                    se retiraban con priesa,
                    abandonando la villa,
                    fui, cual viste, con diversas
                    personas a ver si acaso
                    de nuestras casas desiertas
                    algo aun salvarse podía,
                    trayendo a esta fortaleza
                    los víveres necesarios,
                    y que ya tanto escasean.
                    Llegar logré a nuestra casa,
                    desmantelada y abierta,
                    donde solo hallé destrozos,

propios de tan cruda guerra.
Bajé, sin embargo, sola
con una luz a la cueva,
y el depósito hallé intacto
de ropas y de preseas,
que al abandonar la villa
escondimos en la tierra,
y de él traigo cuanto pude
recoger en esta cesta.
Entré a ver si algo quedaba
en la robada despensa,
cuando estruendo repentino
de cajas y de trompetas
me asaltó. Salgo a la calle
y cruzar miro por ella
a todas cuantas mujeres
como yo a dar una vuelta
a sus casas habían ido,
gritando: «¡Traición! ¡Sorpresa!
Y todas, como rebaño
que huye de voraces fieras,
corrimos a refugiarnos
a estas murallas, y apenas
tuvimos tiempo. Las tropas
del rey en la villa entran
de nuevo, y. según he visto
desde esas cercanas cuestas
dando a su justa venganza
atroz principio, la incendian.

María   ¿Y dónde mi padre...?

Felisa   Estaba
con los suyos allí cerca,

                        y voló como valiente...
(Rumor lejano de cajas y de tiros.)

                        Y empeñada la pelea...,
                        sin duda... ¿No escuchas?...

María (Asustada.)   ¡Ama!

Felisa   ¡Hija del alma! Si hubieras,
                    cual te aconsejé, dejado
                    a esta canalla perversa
                    y fugádote conmigo a un convento,
                    donde conmigo...

María (Afligida.)   Ama, cesa;
                    no me destroces el alma.
                    ¿En desgracia tan horrenda
                    abandonar yo a mi padre...?

Felisa (Desconcertada.)   ¿A tu padre...? Me atraviesas
                    el corazón..., ¡desdichada!
                    ¡Tu padre!...

(Suena un cañonazo a lo lejos.)

María (Aterrada.)   ¿Oyes...?

Felisa   Sí.

María   Se acerca
                    el estruendo de las armas.
(Corre a la ventana.) ¡Ay Dios!... Ya vuela en pavesas
                    la villa toda... A esta parte
                    es la espantosa pelea...;

                mas sus horrores me ocultan
                esas elevadas peñas.

Felisa   ¡Ay!... Retírate, María;
                por la ventana pudiera
                alguna perdida bala,
                alguna veloz saeta...

María   ¡Ojalá!..., ¡Dios mío!

Felisa   (Retirándola de la ventana.)
                Vente.

María (Llorando.)   ¿Y mi padre...?

Felisa (Muy agitada.)   Calla, cesa;
                yo de todas tus desgracias
                soy la sola causa, y sea
                la sola en quien el castigo
                caiga de Dios.

María (Consternada.)   ¡Ama!

Felisa (Abrazándola.)   ¡Oh prenda
                de desventura!... ¡Hija mía!
                Correr hoy tu suerte adversa
                es mi obligación. Cristiana
                y española, no debiera
                encontrarme en esta causa
                de los moriscos envuelta.
                Mas si tú lo estás, María,
                que yo lo esté el Cielo ordena
                porque con el Cielo tengo
                por ti una terrible deuda,

                    y que abrazada contigo
                    la pague yo..., ¡ay triste!..., es fuerza.

María (Confusa.)   No te entiendo.

Felisa   Ni es posible
                    el que tú entenderme puedas.

(Queriendo cambiar enteramente de conversación y mudando de tono.)

                    Lo mejor se me olvida
                    con tantos sustos y penas:
                    cuando bajaba a la villa,
                    al llegar sola a las huertas,
                    escuché que me nombraron,
                    y de terror quedé yerta.
                    Paréme, y en el momento
                    delante se me presenta,
                    saliendo de los vallados
                    que allí el callejón estrechan,
                    un soldado. Y al instante
                    reconocí con sorpresa
                    que era Corbacho.

María (Sobresaltada.)   ¿Quién dices?
                    ¿Quién dices, Felisa, que era?

Felisa   Corbacho, que al saludarme,
                    oyendo otras voces cerca,
                    tiró a mis pies esta carta,
                    (Saca una carta del pecho.)
                    huyó a esconderse a gran priesa,
                    y salvando los tapiales
                    despareció.

María   (Tomando la carta.)
                 ¿Ni siquiera
                 le preguntaste...?

Felisa   Hija mía,
                 ni acerté a mover la lengua,
                 ni tuve tiempo: llegaba
                 gente por la misma senda,
                 y hallarme con él hablando
                 causara grandes sospechas.
                 un relámpago fue todo;
                 la aparición y la ausencia.
                 Mas la carta...

María (Turbada.)   ¡Ay ama mía,
                 mi mano al abrirla tiembla.
                 Toda está escrita con lápiz
                 y dice de esta manera:
(Lee.)   «Si eres cristiana, María,
                 y si me tienes amor,
                 huye al punto con valor,
                 ven a ser la esposa mía.
                 Estoy de ti muy cercano,
                 en esta sierra encubierto,
                 donde no me ha descubierto
                 ni morisco ni cristiano.
                 Y con impaciencia espero
                 el que vengas, amor mío,
                 y porque verte confío
                 de pena aquí no me muero.
                 De esta carta el portador
                 a traerte salva se obliga.
                 Haz sin susto lo que él diga;

(Representa.) vente a coronar mi amor.»
¡Cielos!... ¡Cielos!... ¿Don Fernando
de este castillo tan cerca?
¿Y esperándome...?

Felisa (Enajenada.) María,
ni un solo instante se pierda...
Ahora mismo... El Cielo santo,
piadoso, al fin, nos presenta
el remedio.

María (Dudosa.) Pero ¿adónde,
dónde está Corbacho...? Venga.
Sin él no es posible, amiga...
Tal vez aun allí te espera,
y acaso...

Felisa (Resuelta.) Tornaré al punto...

(Va a marchar, y se detiene sorprendida por el ruido de un cañonazo y rumor de armas.)

María ¡Imposible!

Felisa En cuanto venga
la noche... Si don Fernando
está, cual dice, tan cerca;
si Corbacho entre las tropas
vigilante anda y alerta,
no nos faltará un momento...

María (Abatida.) Dios sabe... Esa lid horrenda
que está empeñada..., ¡ay Felisa!,
deshará tal vez... Me inquieta

	nuevo terror... Si mi padre
herido a mis brazos llega,
¿cómo podré?
Felisa	(Interrumpiéndola con vehemencia.)
De Dios hija
eres primero; y si alientas
su fe santa, que te salves
donde su culto mantengas
y que huyas de este recinto
do tu nombre se blasfema
donde su ley se escarnece
con voz de padre te ordena.
María	(Con resolución precipitada.)
Pues ahora mismo, ama mía,
vamos, y en sus manos puestas...
Felisa	Si salir fuese posible,
y en lo áspero de estas sierras
escondernos...
María	¿Y Corbacho?
Felisa	Yo esta noche...

(Voces y rumor cercano de armas.)

María	(Mirando adentro.)
Escucha..., espera.
¿Qué es lo que veo? ¡Mi padre!
¡Virgen santa!... ¡Oh Dios, cuál llega!
Cadáver ¡ay yo, infelice!
que sus amigos rodean.

(Sale Mulim-Albenzar, herido y ensangrentado en brazos de moriscos, que le colocan en el lecho.)

María (Arrojándose a su padre en el mayor desconsuelo.)
¡Padre!... ¡Padre!

Mulim-Albenzar Moriscos,
nada importa mi muerte.
Vuestro valor coronará la suerte
si defendéis constantes estos riscos
cual fieles mahometanos.
Ved cómo los cristianos
necesitan de engaños alevosos
para verse un instante victoriosos.
De este castillo en el sagrado muro,
firme cimiento de un poder futuro,
se estrelle en este día
su impotente furor y alevosía.
Acatad la bandera
de Fátima, de mi hija y heredera,
que yo dichoso muero,
cual noble caballero,
por mi fe y mi nación.

María (Ahogada de dolor.)
¡Padre!

Mulim-Albenzar (Echándole los brazos al cuello.)
¡Hija mía!,
no lamentes, mi bien, la suerte mía
si es morir en tus brazos.

María (Cayendo de rodillas junto al lecho.)

                          ¡Ay!..., tengo el corazón hecho pedazos.

Mulim-Albenzar   (En tono solemne, incorporándose.)
                          En ti mí sangre arda.
                          Este castillo valeroso guarda,
                          mira que es de tu trono el fundamento,
                          trono que tú has de alzar con noble aliento.

María   ¡Padre!..., fuiste cristiano...
                          tiempo es que como tal...

Mulim-Albenzar   (Esforzándose.)
                                              ¡Nunca! Testigo
                          de que siempre he vivido mahometano
                          el gran Profeta sea,
                          y hoy a su lado en el Edén me vea.

María (Consternada.)   ¡Padre..., padre!... El castigo
                          teme de Dios.

Mulim-Albenzar   (Encolerizado.)
                                              ¿Y me hablas cual cristiana?

María   Lo soy de corazón.

Mulim-Albenzar   (Furioso.)
                                              Yo te maldigo.
                          Ser mi sangre no puede quien tal dice.

(Cae desmayado.)

Felisa   (Retirándose horrorizada.)
                          La hora es de la verdad.

María   ¡Ay yo, infelice!

(Suena un cañonazo cerca, tambores y ruido de armas, y sale Abdalla apresurado.)

Abdalla   Malec: nos ha vendido,
                   ¡oh vil traición!, ¡oh infame alevosía!
                   Un escuadrón cristiano, que escondido
                   quedó en la selva umbría,
                   en tanto que fingiendo
                   el grueso de las tropas que iba huyendo,
                   nuestra atención llamando
                   hacia la villa, fuese apoderando,
                   de acuerdo con Malec, ¡traición villana!,
                   del foso y barbacana,
                   y entrando sin rumor por un portillo,
                   siembra terror y muerte en el castillo.
                   Todo es sangre y estrago.

Voces (Dentro.)   ¡Santiago!... ¡Santiago!

Otras (Dentro.)   ¡Viva la fe, y el rey Felipe viva!

Mulim-Albenzar (Arrojándose del lecho y reuniendo sus últimos esfuerzos.)
                   No, que aun aliento yo. ¡Fieles, arriba!

(Le rodean y sostienen todos.)

Abdalla   ¿Dónde vais, infeliz...?

Mulim-Albenzar   (Desmayado.)
                                  A que la muerte
                   con la espada en la mano,

      cual rey..., cual mahometano...

(Cae al suelo.)

Voces (Dentro.) ¡Viva la fe! ¡Victoria por España!

Abdalla (Aterrorizado.) Huyamos, ¡ay!, la saña
      del fiero vencedor.

Mulim-Albenzar (Ahogado.)
        ¡Oh rabia!... Muero
      como fiel musulmán.

(Muere.)

María   (Abrazando el cadáver.)
        ¡Qué horror!...

Abdalla   Huyamos,
      ¡tremendo día!, del cristiano acero,
      si es que aun camino de salud hallamos.

(Vanse todos, y queda María teniendo en sus brazos el cadáver de Albenzar, y Felisa a un lado de la escena.)

Voces (Dentro.) ¡Viva la fe y el rey Felipe!

Otras (Dentro.)   ¡Vea
      hoy su exterminio la infernal ralea!

García (Dentro.) Cese ya la mortandad,
      pues la victoria es segura;
      a esa gente sin ventura
      con hierros asegurad.

     A Albenzar pronto busquemos,
     puesto que se esconde aquí;
     aquélla es su estancia, sí;
     nadie la defiende; entremos.

(Entra el Capitán García con peto y capacete, y detrás de él el Sargento y ocho o diez Soldados españoles con lanzas y arcabuces.)

García   Rendid, perros desalmados...
(Se detiene.)   Mas ¿dos mujeres no más
                      y un cadáver...? ¿Es quizás...?
(A la tropa.)   La furia tened, soldados.

María (Deja el cadáver y se arrodilla delante del Capitán, pero con dignidad.)
                      Si sois noble como dice
                      a voces vuestra presencia,
                      mirad, señor, con clemencia
                      a una mujer infelice.
                      Y si solo por mujer
                      la hidalguía castellana
                      me la niega, por cristiana
                      me la habrá de conceder.

García   (Aparte, atónito y suspenso.)
                      ¡Cielos!... ¡Qué rara beldad!
                      ¡Y qué noble discreción!...
                      Me ha robado el corazón.
(Alto a María.)   Señora, de tierra alzad,
(La levanta.)   que al miraros en el suelo
                      pierdo la razón y el tino
                      de terror, porque imagino
                      que se ha desplomado el cielo.
                      ¿Quién sois...? Un ángel, lo veo.

75

                Un ángel, un ángel, sí.
                Mas qué hace un ángel aquí
                confuso saber deseo.

María (Con dignidad.) Soy de Mulim-Albenzar,
                muerto, como veis, la hija;
                vuestra nobleza colija
                mi posición singular.
                Cristiana de corazón,
                y fiel de veras al rey
                del amor filial la ley
                me puso en esta ocasión.
                Sois cristiano y caballero,
                habéis mi desdicha oído,
                y la protección que os pido
                con seguridad la espero.

García (Dudoso.)   ¿Ese es Mulim-Albenzar?
(Al Sargento.)   Reconocedle.

Sargento   (Acercándose al cadáver.)
                          Sí, es cierto;
                es Albenzar, y está muerto;
                de buena logré escapar.

García   Confuso estoy, ¡vive Dios!

Sargento   Señor, a esas embusteras
                no des crédito. ¿Qué esperas?
                Amarremos a las dos.

García   Son cristianas.

Sargento   Sonlo ahora

	por evitar el castigo.
María	¡Señor...!
García	Pues estáis conmigo no temáis nada, señora.
(Resuelto, a la tropa.)	Esta estancia respetad, y ese cadáver sangriento a colocarlo al momento sobre la torre llevad. Vea la rebelde grey cuál es su mísera suerte, pues ya les robó la muerte al que aclamaron por rey. Y con su fin la esperanza pierda del todo esta sierra terminándose la guerra y cesando la matanza.
Sargento	Tal vez, señor capitán, pueden tener estos moros aquí ocultos tesoros.
García (Severo.)	Si los hay, vuestros serán.
(Señalando a María.)	Y que esta joya o portento yo ansioso ya guardo ved: mi mandato obedeced, y retiraos al momento.

(El Sargento y los Soldados recogen el cadáver de Mulim-Albenzar, y, entre tanto, dice el Sargento):

| Sargento | Muy hermosa es la morisca, y al capitán ha prendado; |

    pero lo juzgo excusado,
    pues tiene facha de arisca,

María (Viendo llevar el cadáver de su padre se arroja a abrazarlo.)
    ¡Padre!... ¡Señor!... ¡Santo Cielo!

(Se apoya, muy afligida, en Felisa.)

Felisa   ¡Hija del alma!

García   (Aparte y envainando la espada.)
    ¡Qué encanto
tan irresistible!... ¡Oh!... ¡Cuánto
templar su desgracia anhelo!
Mas tengo orden terminante
o de al punto exterminar
la familia de Albenzar
o de llevarla al instante
asegurada a Valencia,
donde en cadalso sangriento
sirva al punto de escarmiento
a la morisca demencia.
No la puedo libertar,
que, aunque dice que es cristiana
y al rey fiel, ¡suerte tirana!,
la heredera es de Albenzar.
¡Oh, qué celestial mujer!
Si el miedo..., la confusión...
Se perturba mi razón;
no sé lo que voy a hacer.
En caso tan inaudito...
¡Ay!..., si me amara, podría...
Abrásase el alma mía,
y en su amor me precipito.

(Alto, a María.)	En vos, ¡oh hermosa!, volved, aunque es harto dura y fuerte vuestra lamentable suerte, que estáis en mis manos ved. El ser sangre de un traidor, el ser de Albenzar la hija, no extrañéis que hoy exija gran dureza, gran rigor.
Felisa	(Arrebatada y como fuera de sí.) No, no es hija de Albenzar; es hija mía, es cristiana, es de sangre castellana; aquí nunca debió estar.
María	(Conteniéndola con dignidad.) ¿Qué osas, Felisa, decir? No niego mi origen, no, ni con imposturas yo quiero el peligro evadir.
(Al Capitán.)	Cristiana, es verdad, lo soy; mas hija de Albenzar sí, que fuera un baldón en mí negar a mi padre hoy. El amor que me profesa, porque, al cabo, es mi nodriza, a esta española castiza le inspira la invención ésa. Pero no soy yo mujer, sea cual fuere mi ventura, que a una cobarde impostura quiera la vida deber. Si el ser cristiana no basta para templarse conmigo

                el espantoso castigo
                que ha merecido mi casta;
                si es crimen la sangre mía,
                que no lo borra mi fe,
                pura víctima seré,
                sin desmentir mi hidalguía.
                Y si así al Cielo le plugo
                mis manos encadenad,
                y mi cuello colocad
                sobre el tajo del verdugo.
                Pues si os pedí compasión
                cuando vencedor entraste,
                y con un muerto me hallaste
                en este oscuro rincón,
                no fue pediros la vida,
                sí el honor, que en riesgo estaba,
                cuando tras de vos entraba
                la soldadesca atrevida.
                Mas de nuevo a vuestra
                planta os pido cumpláis la ley
                conmigo que impone el rey
                pues su rigor no me espanta.
                Antes bien, tal es mi suerte
                que es el más grande favor
                que hacerme pueden, señor,
                el de apresurar mi muerte.

García   (Conmovido profundamente.)
                Basta, señora, os lo ruego.
                Celeste encanto, cesad.
                ¡Oh, con cuánta actividad
                me abrasa de amor el fuego!
                Tomo de mi cuenta, sí...
                ¡Cielos!... ¿Por qué esta victoria,

	que juzgué mi mayor gloria
	es ya infierno para mí?
	Descuidad, resuelto estoy.
	Por remediar vuestra suerte
	por salvaros de la muerte
	a perderlo todo voy.
	Por premio pediré al rey
	si mi hazaña ha de premiar
	vuestra belleza salvar
	de la promulgada ley.
(Con vehemencia.)	Y su gracia y la de Dios
	perderé contento, y todo;
	mi fama hundiré en el lodo
	por merecer, ¡ay!, de vos
	una mirada propicia,
	una muestra de interés,
(Hinca una rodilla.)	pues que mi alma a vuestros pies
	abrasada se desquicia.
María (Asombrada.)	¿Qué es lo que hacéis? ¿Qué demencia...?
	¡Señor capitán!..., ¿qué es esto?
	¿Vos ante mis plantas puesto?
	¿Vos...? ¡Cielos!
García	Sí. La violencia
	de un encanto me ha rendido,
	y desde el punto en que os vi
	tan bella me convertí
	de vencedor en vencido.
	Esta furiosa pasión,
	que cual rayo fulminante
	abrasa mi pecho amante,
	os merezca compasión.

María   ¡Señor capitán!

Felisa   (Muy desconsolada.)
                                    ¡María!

García (Levantándose.) Ángel divino, os adoro;
                      sois un celestial tesoro...

María   ¿Hombre de tanta hidalguía...?

García   No os asombre nada, nada.
                      Viviréis, sí, yo lo juro,
                      que es mi pecho vuestro muro,
                      vuestra defensa mi espada.
                      Sin temor de aquí salid,
                      cuido yo vuestro decoro.
                      Pero... pensad que os adoro.
                      Basta. Tras de mí venid.

(Vase.)

María (Muy abatida.) ¡Felisa..., Felisa mía!,
                      raro peligro corremos.

Felisa   En el Cielo confiemos,
                      desventurada María.

(Vanse.)

Escena II
Decoración corta, de árboles y peñascos, y a un lado se verá la boca de una gruta, por la que sale Don Fernando vestido de toscas pieles, como pastor

Fernando	¡Oh, cuánto Corbacho tarda!
	¿Qué habrá ocurrido...? ¡Ay de mí!
	Ya con inquietud aquí
	mi ansioso anhelar lo aguarda.
	¡Cielos!... ¿Qué es lo que retarda su vuelta...?
	¿La carta mía habrá llegado a María?
	¿Querrá mi dichosa estrella
	que torne a mis brazos ella,
	cual amante le pedía?
(Se pasea.)	Aumenta mi sobresalto
	el que toda la mañana
	ha atronado esta montaña
	rumor de lid o de asalto.
	Y aquí, de noticias falto,
	entre esperanza y temor
	desde que cesó el rumor
	lucho, y el temor me gana,
	porque en mi suerte tirana
	lo seguro es lo peor.
	Ni ya puedo prolongar
	esta situación penosa,
	do mi estrella desastrosa
	me ha podido colocar.
	Milagro ha sido escapar
	entre tanto desconcierto
	con este traje encubierto,
	sin que nadie me haya visto
	los largos días en que asisto
	en este oculto desierto.
(Agitado.)	Y el término, ¿cuál será...?
	¡Cielos!... ¿Perderé a María
	después de tanta agonía,
	o mi amor la cobrará?
	¡Ay!, si decretado está

	que nunca yo la posea,
	que ajena, ¡oh rabia!, la vea...,
	un rayo antes me confunda,
	esta montaña se hunda
	y mi sarcófago sea.
(Pausa.)	Mas ¿qué va a ser en el mundo
	de mí, infelice...? ¿Qué espero?
	¿Qué porvenir fundar quiero...?
	Me anonado, me confundo.
	¿Qué digo?... Mis dichas fundo
	en mi deliciosa llama:
	junto a aquello que se ama
	es mentira el orbe todo.
	Son vago viento, vil lodo,
	cuna, estado, honores, fama.
(Pausa.)	¡Ay!... Si mi padre supiera
	que no en Flandes, sino aquí
	me tiene perdido así
	este amor, ¿qué me dijera?
	¿Y si descubrir pudiera
	que una morisca...? ¡Hado impío!
	De pensarlo siento el frío
	por mis venas de la muerte.
	¡Padre..., padre! ¡Dura suerte!
	Perdón, perdón, padre mío.
	¡Cielos!, que su maldición
	no me abrume. Enhorabuena
	me desherede; tal pena
	tenga mi ciega pasión.
	Yo en el último rincón
	de la Tierra gozaré
	lo que siempre llamaré
	mi delicia y mi ventura,
	y la infundada censura

del mundo despreciaré.
Al lado de mi María,
en el antártico suelo,
bajo un nunca visto cielo,
¿quién turbará mi alegría?
Allí con la espada mía
honraré mi ilustre cuna,
y en ocasión oportuna
otro Estado ganaré,
y lo que alcanzan sabré
el amor y la fortuna.

(Entra Corbacho vestido se soldado y con un envoltorio de ropa, que tira a un lado.)

Corbacho	Mal haya, amén, el momento
	en que tu estrella sañuda
	te hizo ver a esa morisca
	para pasar tanta angustia.
	Y el punto y hora mal hayan
	en que te dio la locura
	de abandonar lo de Flandes
	por perderte en lo de Júcar:
	en tan graves compromisos,
	en tan negras desventuras,
	reducido como fiera,
	a la estrechez de esa gruta.
	Y a meterme a mí en embrollos,
	en disfraces y en trifulcas,
	que en Peralvillo es probable,
	Dios sea sordo, que concluyan.
Fernando	Corbacho, amigo.... ¿qué es esto?
	Tus palabras me atribulan,

      y en mis labios se amontonan
      y se hielan las preguntas,
      porque temo mil desastres
      de esas tristes quejas tuyas,
      y horribles presentimientos
      me abaten y me conturban.

Corbacho   Pues ya metido en el paso,
      do no debiste entrar nunca,
      es forzoso, ¡vive Cristo!,
      que de él con valor te escurras.

Fernando   Pues ¿qué acontece? Di, acaba
      ya la impaciencia me abruma.

Corbacho   Allá voy, que reventado,
      y hecho de hambre una aleluya,
      no puedo mover la lengua
      con la rapidez que buscas.
      Aunque con estos disfraces
      en la soldadesca turba
      entro y salgo, fue imposible,
      como sabes, a mi astucia,
      durante seis largos días,
      dar curso a la carta tuya,
      porque sitiado el castillo,
      y defendido con furia,
      y estando dentro tu amada
      con toda la infame chusma,
      llegar a ella no podía,
      a no convertirme en grulla.

Fernando (Impaciente.)¿Conque la carta...?

Corbacho   Un momento,
y lo sabrás todo; escucha:
Viendo el capitán García
que aun la breva estaba dura,
apeló para ablandarla
a una militar astucia.
Y hoy mismo a la luz primera
fingió con destreza suma
emprender la retirada,
con apariencia de fuga.
Creyéronla los rebeldes,
y aun vencedores se juzgan,
y con su rey vergonzante
salió la morisca chusma,
en el alcance buscando
feliz término a la lucha.
A la abandonada villa
las mujeres sin cordura
descendieron anhelosas
en muchedumbre confusa;
yo me presumí que iría
Felisa el ama, sin duda,
como las demás, y, cauto,
me oculté en las angosturas
del camino, en unas tapias
que aquellas huertas circundan
Vi pasar varias moriscas,
y como soles algunas,
cuando a muy pocos momentos,
quiso mi buena fortuna
que venir viese a Felisa
sola, sola.

Fernando   ¿Sola...?

Corbacho   Escucha.
        Sola; la llamo, se para,
        salgo a su encuentro, se asusta,
        al pronto me desconoce;
        iba a hablarla, cuando juntas
        vi venir otras mujeres,
        y temiendo me descubran,
        torno a esconderme en las tapias.

Fernando (Con viveza.) ¡Y la carta...? ¡Oh suerte cruda!

Corbacho   La tiré a sus pies.

Fernando   Y dime:
        ¿la tomó...?

Corbacho   Señor, ¿lo dudas?
        Yo se la vi alzar del suelo.

Fernando   ¿Y sin respuesta ninguna
        te vuelves? Sin que siquiera...

Corbacho   Eso es ya pedir cotufas
        en el golfo. Tú no sabes
        cuán espantosa trifulca
        se armó después. En las tapias
        quedéme, por si oportuna
        ocasión se me ofrecía
        de hacerle cien mil preguntas
        a su vuelta. Mas de pronto
        se alzó nueva barahúnda,
        que a salir de mi escondite
        me obligó con prisa, mucha.

Las tropas que figuraron
la retirada, a las turbas
de moriscos acometen;
otra vez la villa ocupan,
y la entregan a las llamas.
Pónense al momento en fuga
las infelices mujeres,
suben al castillo y buscan
refugio en él; a él se acoge,
herido en la escaramuza,
Albenzar, aún pretendiendo
prolongar allí la lucha,
y todo en vano. García
había dejado ocultas
en el inmediato bosque
dos banderas, que sin duda,
de acuerdo con los del fuerte,
pues los traidores abundan,
lo escalaron sin defensa,
y todo fue muerte, angustia,
robo, confusión, ruina,
desolación, llanto, furia.

Fernando (Agitado.) ¡Ay Corbacho!... ¿Y mi María?
Tú su infortunio me ocultas;
dime, pues: ¿en tal desorden,
en tal trastorno...?

Corbacho (Con soflama.)
                    Te apuras,
señor, muy pronto. Está viva,
y un gran protector la escuda.

Fernando ¡El Cielo!

Corbacho (Con malicia.) El Cielo..., bien dices;
por medio de la bravura
del buen capitán García,
que es hijo de la fortuna.

Fernando (Alterado.) ¡Corbacho!... Di.

Corbacho En el momento
que se armó la barahúnda
al castillo corrí, donde
vi aquella escena confusa.
Muerto a Albenzar encontraron
de su hija en brazos en una
cámara. El señor García
fue el que en ella entró, a la turba
soldadesca defendiendo
que hiciese allí de las suyas.
Mandó sacar el cadáver
a donde con voces mudas
predicase el escarmiento;
y él quedó con piedad suma
a la huérfana infelice
consolando...

Fernando (Arrebatado de enojo.)
Calla..., ¡oh furia!
Calla, vil... ¿Osa tu lengua...?

Corbacho (Intimidado.) Señor..., señor..., que me asustas;
yo no oso poner mi lengua
sobre persona ninguna.
Os refiero las hablillas
de la soldadesca chusma,

	que ansiaba robar la estancia
	que de Albenzar era tumba,
	y que el capitán, severo,
	defendió...
Fernando (Irritado.)	¡Canalla inmunda,
	que no sabe que es de nobles
	amparar la desventura,
	y defender a las damas
	de la insolente gentuza!
(Sospechoso.)	Pero dime: ¿largo tiempo
	el capitán...?
Corbacho	¿Qué preguntas?
Fernando (Agitado.)	¡Oh!... Si osara... Mi María
	es cual las estrellas pura.
	Si el vencedor orgulloso...
	¡Oh cielos!... La horrible punta
	de un puñal envenenado
	mis entrañas desmenuza.
	Corbacho, dime...
Corbacho (Con viveza.)	No pierdas
	en amargas conjeturas
	el tiempo. Toma un partido,
	pues todo de aspecto muda.
	Cuando una morisca solo
	rica y de famosa alcurnia
	era tu dama, podías
	en esperanzas futuras
	perderte, que, al cabo, era
	cristiana hasta las engubias.
	Pero ya...

Fernando (Precipitado.) Corbacho, amigo,
la ley previene, y es justa,
que la morisma cristiana
que con español se una
en matrimonio se libre
de la proscripción.

Corbacho Tarumba
que con tu ceguedad me vuelves.
Ya tu María no es una
morisca vulgar. Es hija
del que aún muerto se titula
rey de los moros, caudillo
de esta rebelión, y nunca
habrá para ella indulgencia.
Después olvidas, sin duda,
quién es tu padre, y olvidas
que cual desertor figuras
en Flandes, y que en España,
siendo por tu noble cuna
de Santiago caballero,
has faltado en esta lucha,
a que todos tus cofrades
concurrieron sin excusa.

Fernando (Despechado.)
¡Oh!... ¡Pese a mi infausta estrella!
¡Oh!... ¡Mal haya mi fortuna!
Desplómense estos peñascos;
ábrase a mis pies la tumba.

Corbacho Bien claro te mostró el Cielo
el que a esta sima profunda

       tu pasión te despeñaba
       al despeñarte la furia
       del caballo. Si tú entonces,
       pues que saliste sin una
       costilla rota, te hubieras,
       renunciando a tus locuras,
       vuelto a Flandes, o a tu casa,
       cantáramos la aleluya.
       Y aún es tiempo...

Fernando (Fuera de sí.)   Calla, cesa,
       no acrecientes mis angustias:
       o la muerte, o mi María;
       ya tan solamente busca
       mi enamorado despecho
       de aquestas dos cosas una.
       Sí, resuelto estoy, Corbacho;
       responde pronto...

Corbacho   Pregunta.

Fernando   ¿Dónde está María.... dónde?
       Hoy seré su esposo, o nunca.

Corbacho   Cuando salí del castillo,
       ya encadenada la chusma
       de moros, la preparaban
       a bajar con gran presura
       y buena escolta a la villa.
       Y de allí, según mi industria
       pudo inquirir, esta noche
       dos cuerdas salen: la una,
       con la rendida canalla,
       a las playas donde surtas

                          están las embarcaciones;
                          y la otra, en que van juntas
                          las cabezas principales
                          con María, por la ruta
                          de Valencia...

Fernando   Di: ¿esta noche...?

Corbacho   Esta noche, sí, no hay duda.

Fernando (Resuelto.) Pronto, sus, tráeme el caballo,
                          que suelto el pasto disfruta
                          de estos montes; trae mi espada,
                          trae mis ropas, que me injurian
                          ya estos villanos disfraces.

Corbacho   ¿Qué intentas, pues?... ¿Qué procuras?

Fernando   Con mi valor y mi acero
                          burlar la suerte sañuda,
                          libertando como noble
                          a mi prenda de la furia
                          de sus verdugos.

Corbacho   Detente;
                          no te arrojes sin cordura
                          un imposible, do solo
                          muerte o deshonra buscas.
                          La cuerda va custodiada
                          con gente aguerrida y mucha;
                          tú eres, al cabo, solo.

Fernando   El que despechado pugna
                          por salvar a la inocencia,

| | y más si el amor lo ayuda, |
| | vale por ciento. |

Corbacho Tu arrojo
y tu pasión te deslumbran.
Vas, traidor, contra un decreto
del rey, a empeñar tal lucha.
Vas a deslustrar tu nombre.
Vas, en fin...

Fernando (Despechado.)
¡Suerte sañuda!
Yo quiero ver a María.
Con ella morir.

Corbacho Escucha:
Supuesto que no desistes
de esa tu infernal locura,
da tiempo al tiempo, y prudente
válete de alguna industria
para ponerte siquiera
de acuerdo...

Fernando (Con viveza.) Bien; piensa una.

Corbacho Con el disfraz de soldado
puedes en la noche oscura
entre la escolta injerirte,
con ella hablar, que es astuta,
y en la marcha, que no es corta,
disponer...

Fernando Sí, sí. Sin duda
me habla por tu boca un ángel.

	Mas ¿dónde encontrar alguna ropa de soldado...?
Corbacho	Al punto, que mi previsión es mucha. De un muerto que hallé aquí cerca, al volver ahora en tu busca, tomé todo el equipaje. (Revolviendo el lío que puso a un lado al salir.) Y hele aquí. Manchas lo ensucian de sangre, porque su dueño tenía una herida profunda; pero nada importa.
Fernando	(Muy reanimado.) Amigo, tú remedias mis angustias. Y pues ya la noche llega y tierra y cielos enluta con sus sombras, no perdamos el tiempo, y Dios nos dé ayuda.

(Entrase en la gruta, y Corbacho detrás de él, llevándose el envoltorio.)

Escena III
Plaza de la villa de Alajuar, arruinada, por el incendio. Aún arden a lo lejos algunas casas y otras están humeando. Empieza a anochecer. Salen Abdalla, Zeir y dos o tres, Moriscos de nota cargados de cadenas y rodeados, de Soldados españoles, con arcabuces y alabardas, y con ellos el Sargento, con jineta

Sargento	¡Alto, perra canalla, que no vais a un festín!

(Todos se detienen en el fondo de la escena, sentándose unos, otros hablando entre sí, formando cuadro.)

Zeir   ¡Cielos!... ¡Abdalla!

Abdalla   Zeir, lo que está escrito no podemos
                los hombres contrariar. Solo podemos
                resignarnos, humildes, los humanos
                de Alá con los decretos soberanos.

Zeir   Malec, ese cobarde,
                es quien nos ha vendido.

Abdalla   Pues no ha de hacer de su traición alarde
                que con un tósigo le dejo prevenido
                con que beba la muerte;
                endulce esta venganza nuestra suerte.

Zeir   ¿Y cuál, ¡ay!, nos espera?

Abdalla   Terrible a la verdad y lastimera.
                Pero grande es Alá, y él solo es grande.

Sargento (En el proscenio, apoyado en su jineta y hablando consigo mismo.)
                ¿Posible es que se ande
                el señor capitán hecho un Cupido,
                tras una vil morisca así perdido,
                y que aquí nos detenga
                porque su dama a sus anchuras venga?
                ¡Vive Dios, que no entiendo
                cómo un hombre tan duro y tan tremendo
                y que ya no es muchacho,
                se convierta en baboso mamarracho!

¡Vaya, me desespera!
No sé qué le detiene
en hacer lo que yo, sin duda, hiciera,
pues que rendida en su poder la tiene;
admiro su cachaza... Mas él viene.

(Entran el Capitán García, María y Felisa.)

García ¿Marchó la cuerda, sargento,
que va a la costa?

Sargento El camino
tomó para su destino
en buen orden ha un momento.
Y no hay con ella cuidado,
pues que la manda Garcés.

García Tenéis razón, porque es
el alférez gran soldado.
Disponed nuestra marcha en el instante,
llevando por delante
los soldados mejores
para ser de la ruta exploradores.
Y cuidad que no rompan las cadenas
los presos.

Sargento Son muy gordas y muy buenas.

(El Capitán y el Sargento van al fondo de la escena, como a revistar los presos y a ordenar la tropa.)

María (Muy abatida y como en secreto.)
¡Ama mía.... voy muerta!
No por lo horrendo de mi suerte cierta,

                sino por el amor que se ha encendido
                en ese malnacido,
                pues con razón me temo
                que, con mi resistencia despechado,
                ciego y desatentado,
                se arroje loco al criminal extremo
                de abusar de su fuerza en el camino.
                De asombro y de terror estoy sin tino.

Felisa (Llorando.)   ¡Infelice María!...
                En la piedad confía del Cielo,
                que es de la inocencia amparo.
                De ti ni un solo punto me separo,
                y contigo, hija mía,
                defendiendo tu vida y tu inocencia,
                me verás hasta Valencia.
                Y, allí..., si allí llegamos...,
                en la Virgen santísima pongamos
                toda nuestra esperanza.
                Tengamos en su auxilio confianza.

García (Al Sargento.) Emprended la partida,
                y esperad del lugar a la salida,
                que pronto iré a alcanzaros.

Sargento   (Con socarronería.)
                ¿Conque queréis quedaros
                a ver si por la buena ese portento...?
                Si andáis con tal melindre y miramiento,
                ya veréis que os chasquea.
                Está en vuestro poder, que vuestra sea.
(Con recato misterioso.)   En el camino acaso
                un bosque muy espeso se halla al paso,
                y en él lograr, sin duda,

	podéis cuanto queráis. Yo os daré ayuda.
García	Bien. La marcha emprendamos.
Sargento	¡Arriba, vil canalla! ¡Vamos, vamos!

(Vase, llevando por delante los presos y soldados.)

García (Amoroso.)	Ya veis cuánto hago por vos,
	a mi obligación faltando;
	y aun me está martirizando
	vuestro ceño, ¡vive Dios!
	En todo os he dado gusto,
	a todo por vos me allano;
	que vuestro desdén tirano
	se ablande, señora, es justo.
	Libre estáis, vais sin cadenas;
	sola vos mandéis aquí,
	tenéis un esclavo en mí:
	témplense, pues, vuestras penas.
	Y dadme alguna esperanza,
	¡oh soberana mujer!
	Dejadme a lo menos ver
	un asomo de bonanza.
María (Con altivez.)	Señor capitán, os ruego
	que más no me importunéis
	que mi suerte abandonéis,
	que me dejéis luego, luego.
	Yo nada exijo de vos;
	de mí, pues, nada exigid.
	Cual debéis me conducid
	que a mí me defiende Dios.

García	Pensad cuál es vuestra suerte; ved que estáis en mi poder.
María	Yo no soy, señor, mujer a quien asusta la muerte.
García	¡Ay! Aun es tiempo; escuchad a un corazón que os adora, que por vos misma os implora
María	Si honra tenéis, acabad.
García	(Con vehemencia.) Con ese ceño tirano más mi pasión encendéis, y en el caso me pondréis...
María	Sois caballero y cristiano.
García (Resuelto.)	Que lo soy os probaré si al fuego que me devora os mostráis grata, señora. Todo lo aventuraré. Por la ley puedo libraros de la muerte ignominiosa si queréis vos ser mi esposa, y pronto estoy a juraros...
María (Con rapidez.)	Jamás, jamás; tiene dueño mi voluntad, y por él quiero morir.
García (Despechado.)	¡Oh cruel! ¿Conque es en vano mi empeño?

	¿A otro amáis?
María	Con alma y vida.
García (Furioso.)	¡Infeliz!... ¿Qué pronunciaste...? Tú misma te condenaste envenenando mi herida. Tiembla mi ciego furor. Atropellaré por todo, y de un modo o de otro modo...
Felisa	¡Oh Cielos, dadnos favor!
García	¡Ingrata!... Te has de acordar. Vamos, pues; vamos, marchemos.
María (A Felisa.)	En la Virgen confiemos, que es quien nos ha de amparar.

(Vanse.)

Escena IV

Decoración que descubra todo el foro, representando un oscuro bosque de noche en tierra quebrada. Y en el fondo se verá un camino entre peñas y troncos. Entran Don Fernando y Corbacho, ambos vestidos de soldados

Corbacho	¿No miras allí el camino? Es aquella lista blanca que va tras de la barranca. (Escuchando atentamente.) Y viene, a lo que imagino, ya la columna, señor. Y aunque la noche está oscura, que veo se me figura...

Fernando	Claro se escucha el rumor. Vamos hacia allá al momento, y procura no ser visto, teniendo el caballo listo para que en cualquier evento...
Corbacho	Vamos, pues. Pero prudencia tan solamente os encargo. Ved que el camino es muy largo hasta llegar a Valencia. Y que, una vez con María puesto de acuerdo, podrás...
Fernando	Descuida, y no digas más; en mi cordura confía.

(Vanse. Entran y pasan por el camino del fondo Abdalla, Zeir y los Moriscos, todos encadenados y sonando los hierros, y delante, y detrás, y a los lados, en buen orden, Soldados españoles, con alabardas y arcabuces, con las cuerdas encendidas, y cuando ya todos hayan pasado, sale el Capitán García, que trae asida del brazo a María y la empuja con fuerza hacia el proscenio.)

María	¿Qué es esto, ioh cielos!, señor? ¿Qué arrebato? ¿Qué demencia?
García	(Con voz ahogada.) Calla y sufre la violencia de mi despreciado amor.
María (Aterrorizada.)	¿Un cristiano, un caballero de una infelice abusar?

García (Desenvainando la espada.)
Mi pasión has de premiar
o has de morir a este acero.

María (Cayendo de rodillas.)
¡Socórreme, Virgen santa;
dame tu amparo y favor.

García (Arrastrándola del brazo.)
Nadie escucha tu clamor.
Ven conmigo; ven, levanta.

María ¡Cielo!

García No te librará
ni el infierno mismo, no.

(Entra precipitado Don Fernando con la espada desnuda.)

Fernando Pero la liberto yo,
forzador vil...

García (Suelta a María, sorprendido.)
¿Quién va allá?

Fernando Defiéndete, desdichado,
si te llamas caballero,
que se afrentara mi acero
de matar a un descuidado.
Ponte tras de mí, María,
que bajo mi amparo estás,
y cuál te guardan verás
mi amor y la espada mía.

María (Corriendo a él.) ¡Oh santos cielos!... Es él.
Sí, reconozco su acento.

García (Turbado.) ¿Eres del bosque portento
o emisario de Luzbel?
(Se acerca furioso.) ¡Mi rival!... Ven a morir,
que es rayo ardiente mi espada
a que no resiste nada.

Don Fernando   Calla, si sabes reñir.

(Riñen, y Don Fernando le da una estocada.)

García (Titubeando.) ¡Muerto soy!
(Grita.)   ¡Hola, soldados!...
Que se fugan...
(Entrase.)   ¡Ay de mí!

Fernando   Huyamos pronto de aquí
en el Cielo confiados.
Corbacho, por vida mía,
pronto, el caballo.

Corbacho   (Apareciendo en el bastidor.)
Aquí está.

Fernando   (Al irse con María.)
A las ancas...

Corbacho   Bueno va.

Fernando (Dentro.) Afírmate bien, María.

(Rumor de un caballo que arranca. Suena un tiro y ruido.)

Voces (Dentro.) ¿Dónde el capitán nos llama?
(Entra el Sargento con cuatro Soldados.)

Sargento
(Apresurado.) Hacia aquí; venid, volemos,
y este monte registremos
peña a peña y rama a rama.

Fin de la segunda jornada

Jornada tercera

Escena I

Representa una calle de la ciudad de Valencia. Decoración corta, y sale Felisa, muy afligida, de saya y manto y con un rosario en la mano.

Felisa	¡Ay de mí! Recorro en vano
	estas calles de Valencia
	para buscar un consuelo
	y de la infelice nuevas.
	Hoy el pueblo alborotado
	con la terrible sentencia
	que contra Zeir y Abdalla
	y otros moriscos de cuenta
	ha pronunciado el consejo,
	de María no se acuerda,
	ni se habla de su aventura,
	ni de hacia dónde estar pueda.
	Al fin los pasados días
	su fuga tan solo era
	la conversación de todos
	en calles, casas y tiendas.
	Y el oír en los corrillos
	nombrarla y hacer diversas
	conjeturas, de consuelo
	pudo servir a mis penas.
	Mas hoy ya nadie la nombra,
	nadie en su infortunio piensa.
(Llora.)	¡Virgen Soberana!, madre
	de la oprimida inocencia,
	sedle, escudo, sedle amparo,
	y dadme luz con que pueda
	descubrir...
(Sorprendida.)	Pero ¿qué veo?

107

                        Jurara, ¡cielos!, que él era.
                        Sí... ¡Corbacho!

(Entra Corbacho, embozado.)

Corbacho   (Sorprendido.)
                                    ¡Ama Felisa!

Felisa   ¿Cómo tú por esta tierra...?
                    ¿Y María?... ¿Y don Fernando?
                    ¿No me traes noticias de ella?
                    ¿No me dices...?

Corbacho   ¿Por ventura que sé
                    de ellos algo piensas,
                    cuando anhelaba encontrarte
                    para que tú me dijeras...?

Felisa (Desconsolada.) ¿Qué he de decirte, Corbacho?...
                    ¿Cómo darte, amigo, nuevas
                    que busco anhelante?...

Corbacho   Dime:
                    ¿tú desde cuándo en Valencia?

Felisa   Desde que entraron los presos,
                    hace tres días.

Corbacho   Yo apenas
                    ha dos horas que he llegado.

Felisa   Pero tú, ¿después de aquella
                    terrible noche seguiste...?

Corbacho   ¿Y quién seguirlos pudiera?
Muerto el capitán, mi amo,
más veloz que una saeta,
con la morisca en las ancas
en las lóbregas tinieblas
desapareció. Y yo, ¿cómo
a pie seguirlos pudiera,
no estando antes prevenido
de adónde se dirigieran?
Cuando se alzó aquel desorden
con las voces y las quejas
del herido, agazapéme
oculto entre las maleza
para no ser descubierto
y pagar culpas ajenas.
Y al aparecer el alba
tomé una trillada senda
que se me ofreció, y vagando
no sin peligro y miseria,
por todos, los escondites
de aquellas fragosas sierras
he estado; hasta que aburrido
vengo sin norte a Valencia,
por ver si de mi amo logro,
que le quiero mucho, nuevas.
Pero tú, Felisa, ¿cómo
abandonaste a tu prenda
en aquel conflicto?... ¿Cómo
sin tu amparo acometerla
pudo el capitán?

Felisa   Corbacho,
cómplice el sargento era
del crimen sin duda alguna,

							pues con infernal cautela,
							en cuánto cerró la noche,
							después de que con reserva
							le habló el capitán, mi mula
							aseguró por la rienda,
							sin apartarse ni un punto.
							Y al atravesar la cuerda
							el bosque, de mi María
							me separó con destreza,
							tomando por un atajo
							al través de las laderas;
							y cuando escuché sus voces,
							sus lamentos y sus quejas,
							ya me hallé entre los soldados
							y a grande distancia de ella.
							En medio de aquel desorden
							intentaron sus cadenas
							romper los míseros presos,
							y armóse grave pendencia
							entre soldados y moros,
							sin que yo, infeliz, pudiera,
							aunque bien quise, fugarme;
							y en llanto amargo deshecha,
							me resigné con mi suerte
							y llegué aquí con la cuerda.
							Al punto, como española,
							me dejaron en completa
							libertad,
(Llora.)				 				y ando perdida,
							solo ansiando tener nuevas
							de aquella infeliz.

Corbacho							No llores,
							Que está en salvo es cosa cierta.

Felisa	Hágalo el Cielo.
Corbacho	Felisa, ¿y es verdad esa sentencia?
Felisa	Lo es, y terrible, terrible...
Corbacho	No hay nada que no merezcan.
Felisa (Compasiva.)	Es así...; pero...
Corbacho	Tu amo tuvo más feliz estrella, que al cabo como valiente pereció, pues si hoy viviera...
Felisa	¡Qué lástima! Era indomable y muy ciego por su secta; pero muy caritativo, de muy gallarda presencia, de pensamientos muy altos y de muy clara nobleza. Dieciocho años he comido su pan..., y una ingrata fuera si no llorara su muerte, si no elogiara sus prendas. ¡Cuántas desgracias!...
(Llora.)	
Corbacho	¡Felisa!
Felisa	Voyme, Corbacho a la iglesia,

	a que la Virgen piadosa por nosotros interceda.
Corbacho	Pues yo no sé dónde vaya, ni tampoco dónde pueda hallar abrigo.
Felisa	Si quieres..., en casa de una parienta, que pobremente me aloja...
Corbacho	Basto yo para pobreza. ¿Y dónde es?
Felisa	Allá en la plaza. Alejándome voy de ella para no ver el suplicio de esos dos, que al cabo eran conocidos.
Corbacho	Pues a verlos ahorcar voy, ¡malditos sean! Yo te buscaré.
Felisa	Si logras alguna noticia cierta...
Corbacho	La sabrás en el momento.
Felisa	Pues a Dios.
Corbacho	Con él te queda.

(Vanse por distintos lados.)

Escena II
Representa el gran salón del Consejo. Al fondo habrá un dosel con el retrato de Felipe III; una gran mesa, con rico tapete y recado de escribir, cinco sillones, y un taburete para el secretario. Entra por un lado el Conde de Salazar, ricamente vestido y con el collar del Toisón de Oro, y por el otro, el Comendador mayor de la Orden de Calatrava, con la insignia en la ropilla y en la capa y la venera al cuello, pendiente de una cadena de oro

Conde   ¡Oh señor comendador!

Comendador   (Con respeto.)
¡Oh excelentísimo conde!
Bien la fortuna responde
a vuestro sabio valor.
Esta desastrosa guerra
ya de un modo o de otro modo
termina, y queda del todo
en seguridad la tierra.
Y a vuestro noble tesón
y prudencia debe el rey
de esta rebelada grey
ver cumplida la expulsión.

Conde   A la prudencia y lealtad
del consejo solamente
servicio tan eminente
hoy debe su majestad.

Comendador   Pero el alma del Consejo
ha sido vuestra excelencia,

	que tiene la presidencia.
Conde	Solo por ser el más viejo.
Comendador	Ya viene el señor marqués de Caracena.
Conde	Ya estamos todos, pues solos formamos hoy el Consejo los tres, puesto que los otros dos, con encargos diferentes, están en Valencias ausentes, al rey sirviendo y a Dios.
Comendador	¿Dónde nuestro patriarca?
Conde	Con caridad exquisita a la canalla maldita allá en Alicante embarca, por la raza delincuente mostrando una suavidad que no me gusta en verdad con tan depravada gente.
Comendador	¿Y dónde Agustín Mexía?
Conde	Queda aún guardando la sierra, aunque terminar la guerra consiguió su valentía.
Comendador	Grande en el Consejo es su ausencia.

Conde	Mas, sin embargo. cumpliremos nuestro encargo, que poco falta, los tres.

(Entra el Marqués de Caracena, virrey, ricamente vestido a la usanza militar y con bastón, botas y espuelas.)

Marqués	¡Oh gran comendador!, ¡oh insigne conde!, perdonad mi tardanza; recorriendo de la ciudad las calles, receloso de que pudiera conmoverse el pueblo, no me ha sido posible más temprano al Consejo acudir.
Conde	A muy buen tiempo llegáis, señor marqués.
Marqués	Era preciso estar alerta entre el concurso inmenso, que se ha agolpado a presenciar la muerte de esos desventurados.
Conde	¿Tuvo efecto sin novedad?
Marqués	Sin novedad alguna, y quiera Dios que sirva de escarmiento.
Conde	Pues estamos los tres que solamente hoy, señores, formamos el Consejo, podemos proseguir nuestras tareas, que ya, gracias a Dios, van concluyendo.

(Hace una seña, entra el Secretario y se sientan todos en sus respectivos puestos alrededor de la mesa.)

Conde (Con gravedad.) El embarco prosigue en estas costas
con toda actividad. Los tristes restos
que aun en los montes de rebeldes quedan,
no dan cuidado ya; rotos, dispersos
sin encontrar abrigo en parte alguna
desaparecerán rendido luego.
Solo la fuga audaz de esa morisca,
de la hija de Albenzar, de aquel protervo
que osó llamarse rey, siendo cabeza
en las serias revueltas de este reino,
nos pudo ocasionar algún cuidado.
Mas ya noticia positiva tengo
de que fue con su cómplice arrestada
de la vecina Mancha en los linderos.
Debiéndose prisión tan importante
a la astucia y presteza del sargento
de aquella tropa misma, que no pudo
la fuga remediar. Y hoy mismo espero
que lleguen a Valencia, asegurados
con buena escolta y con seguros hierros.

Comendador ¡Bendito sea el Señor! La tal morisca
me daba, y con razón, graves recelos.

Marqués ¿Tanta importancia esa morisca tiene?

Conde Mucha; que de belleza es un portento,
y aun más de discreción y de osadía.
La sangre y los altivos pensamientos
del padre representa, y con su nombre
podido hubiera reanimar el fuego

de la atroz rebelión, aun no extinguido.
Y de que tales eran sus deseos
es prueba el modo de emprender la fuga,
y lo es su dirección hacia Toledo,
en donde los moriscos se preparan
a dar nuevos escándalos al reino.
Mas pues la pone Dios en nuestras manos
con un castigo rápido y tremendo
imponga a los rebeldes musulmanes
saludable terror, santo escarmiento,
y al rodar su cabeza en el cadalso
húndanse de su raza los proyectos.

Comendador   Es su pronto castigo indispensable,
y el castigo a la par de ese protervo,
que osó salvarla con armada mano,
cómplice de sus locos pensamientos.

Conde   Que la sentencia pronunciada sea,
importa brevedad, pido al Consejo.
Y le propongo que la infiel morisca,
y el pérfido traidor, que osó encubierto
con las tinieblas de la noche oscura
la cuerda acometer con tal denuedo,
a su jefe matar y libertarla,
sean sin tardanza en el cadalso puestos,
en donde la cuchilla del verdugo
corte sangrienta sus altivos cuellos;
y que en sendas escarpias las cabezas
queden y sirvan de terror y ejemplo
a la raza infernal, mientras las llamas
tornen ceniza sus infames cuerpos.
Propongo este castigo, y nos lo exigen
de nuestro rey la causa y la del Cielo.

Comendador	Pero ¿quién es el cómplice alentado
de esa altiva mujer se ha descubierto?
Que algún morisco personaje sea
el insensato audaz, señores, creo;
tal impiedad, traición tan arrogante,
de un cristiano español pensar no puedo.
Conde	Sea morisco o cristiano, la sentencia
debe al punto tener cumplido efecto.
Con media hora le basta, si es cristiano,
para impetrar la compasión del Cielo.
Y si antes de ponerse el Sol llegasen,
antes de que se ponga considero
indispensable que presencie el mundo
el urgente suplicio de ambos reos.
Marqués	¿Tal precipitación...?
Conde	Es necesaria.
Marqués	De la pública voz suena en los ecos,
que es fiel y que es cristiana esa morisca;
que lo es de corazón.
Conde	Siempre estos perros
saben fingirse tales, esperando
hallar así piedad en nuestros pechos.
Marqués	Si lo es de veras...
Conde (Con autoridad.)	Morirá sin duda,
dándole solo el necesario tiempo
para pedir a Dios misericordia.

Marqués   Al cabo una mujer...

Conde (Con calor.)   Ni edad ni sexo
de esta raza infeliz encontrar debe
compasión ni piedad en tal momento.
Y no es mujer, señores, es la hija
del que a llamarse se atrevió soberbio
rey de Valencia; del que fue aclamado
como tal rey por el morisco pueblo;
del que la guerra atroz ha embravecido,
dejando un nombre, aunque en verdad funesto,
a esa infelice, que turbar pudiera
el reposo y quietud de todo el reino.
Su muerte es necesaria para darnos
seguridad, y lo es para escarmiento
la del osado que salvarla pudo,
un atroz homicidio cometiendo.
Que vacile me pasma en este punto
el valor y entereza del Consejo.
Torno la misma pena a proponerle
que ha un momento indiqué. Y a tal extremo
llega mi convicción de que la exigen
la justicia del trono y la del Cielo;
que si fuera hijo mío el alevoso,
y ella más pura que el mayor lucero,
y más cristiana que mi madre misma,
al patíbulo juntos, al momento
de llegar a Valencia los sacara,
sin dar indicios de dolor mi pecho.

Comendador   Tal consideración pesa en mi mente,
y la sentencia que indicáis apruebo.
El nombre de Albenzar es necesario

							extinguir de una vez. Y en cuanto al reo
							la ley está, señores, terminante:
							dos crímenes en él graves advierto
							haberle dado a un capitán la muerte,
							que estaba con lealtad al rey sirviendo,
							y haber prestado auxilio a los moriscos,
							acción vedada por el bando regio.
							Justa es la pena que a los dos se impone,
							y es conveniente ejecutarla presto.

Conde					¿Y vos, señor marqués...?

Marqués (Dudoso.)			Yo..., señor conde...
							Más detención quisiera, lo confieso;
							que es criminal el robador es claro,
							de un atroz homicidio lo es al menos;
							pero a una joven por su nombre solo,
							pues que sea criminal aun no sabemos,
							a una joven, que dicen ser cristiana,
							a una mujer, en fin... No; me estremezco
							no puedo condenar...

Conde (Con firmeza.)				Cuando lo exigen
							de la Iglesia la paz y la del reino,
							y el delito de fuga está probado,
							escrúpulos tan nimios no comprendo.

Marqués					Mi voto no entorpece la sentencia,
							dada está; pues que tiene ya los vuestros,
							no ha menester para cumplirse el mío.

Conde					Así es, señor marqués. Mas considero
							que la unanimidad fuera importante
							para resolución de tanto peso.

Marqués	Cada cual deje su conciencia a salvo.
Conde (Resuelto.)	Yo ratifico mi opinión de nuevo.
Comendador	Yo con ella de nuevo me conformo.
Marqués	(Levantándose de la mesa.) Vuestra es la votación.
Conde	Estadme atento, y extended la sentencia, secretario,

(El Conde dicta en voz baja y el Secretario escribe.)

Marqués	(Paseándose lentamente; aparte.) Tal vez al rey disguste... Mas no puedo resolverme a votar esa sentencia. Mi corazón angustian los recuerdos que jamás se han borrado de mi mente ¡Ay!, hoy destrozan mi abismado pecho como un puñal agudo envenenado. ¡Oh montes de Alajuar!... ¡Oh santo Cielo! ¡Dieciocho años! Mi agitada mente vaga sin luz en laberintos ciegos.
(Pausa.)	Es la hija de Albenzar... ¿Cómo pudiera? Es la hija de Albenzar... Si me resuelvo... Nada añade mi firma a la sentencia. Sí el rey, si mis amigos, si el Consejo desconfían tal vez por mi repulsa de mi lealtad, de mi cristiano celo... Resuelto estoy.
Conde	Comendador, la firma.

(Firma el Comendador.)   ¿Y persistís, marqués...? Dudoso os veo.

Marqués   (Acercándose a la mesa.)
Aunque la compasión que siempre inspira
la tierna juventud pudo mi pecho
conmover, que me adhiera al cabo es justo
a vuestra decisión, que yo respeto.
De mi rey el servicio y del Estado
la próspera quietud son lo primero.

(Firma.)

Conde   Siempre tal esperé, marqués ilustre,
vuestra sangre gloriosa conociendo.
(Al secretario.)   Refrendadla y selladla, secretario,
y haced que el bando se publique luego,
puesto que debe ser ejecutada
en cuanto lleguen los inicuos reos.

(Vase el Secretario con la sentencia, y el Conde, y el Comendador, y el Marqués se levantan de la mesa y vienen al proscenio.)

Marqués   Hasta mañana conveniente fuera
acaso dilatar...

Conde (Con viveza.)   ¿Y con qué objeto?
De rebelión el espantoso crimen
pide castigo rápido y violento,
pues con uno tan solo, las más veces,
ejecutado sin perderse tiempo,
se atajan graves daños.

Comendador   Sí, se atajan.
Y es piedad el rigor que pone freno

                        a delitos sin fin, que arrastrarían
                        al patíbulo víctimas sin cuento.

(Entra el secretario.)

Secretario   Señores, han llegado
                        los presos a las puertas de Valencia,
                        y el sargento, encargado
                        de ellos, espera del Consejo audiencia.

Conde   ¡Oportuna llegada!
                        De la ciudad previne que a la entrada
                        los presos detuvieran,
                        temiendo que la plebe conmovieran.
                        Y mande que al momento
                        viniese a mi presencia ese sargento,
                        con todas las noticias y papeles
                        que debe haber cogido a esos infieles.
(Al Secretario.)   Esa torre contigua a este palacio
                        a los dos reos guarde,
                        puesto que han de vivir tan corto espacio
                        como hay de aquí a la tarde.
                        Y venga un religioso,
                        que, si cristianos son, pueda, piadoso,
                        absolverlos propicio
                        y acompañarlos luego hasta el suplicio.

Secretario   ¿Y el sargento?

Conde   Que más no se detenga;
                        a presentarse ante el Consejo venga.
(Vase el Secretario.)   La bengala ha ganado
                        con el celo y valor que ha desplegado.

123

(Se sientan otra vez a la mesa el Conde, el Marqués y el Comendador. Entra el Sargento como quien viene de camino, y se detiene respetuoso a la entrada.)

Conde					No os detengáis, valiente.
					Decid cómo encontrasteis a esa gente,
					y cuanto hayáis logrado en el camino
					descubrir de su ciego desatino.

Sargento				Perdone vuescelencia,
					que razón es se turbe en la presencia
					de este augusto Consejo
					y que se muestre atónito y perplejo
					un oscuro soldado,
					al campo y al cuartel acostumbrado.

Conde					Vuestra lealtad y celo
					os deben de quitar todo recelo.
					Y ya el Consejo piensa
					en daros la ganada recompensa.
					Hablad, pues, que os escucha.

Sargento				Mi gratitud a su bondad es mucha.
(Se adelanta.)				Seguí con cuatro soldados
					la pista a los fugitivos,
					por enmarañados bosques,
					por asperezas y riscos,
					reconociendo cavernas,
					registrando caseríos,
					sin descansar un momento,
					sin concederme un respiro,
					cuando a la segunda noche
					de fatiga el Cielo quiso,
					con las noticias recientes

que recogí en un aprisco,
indicarme que no había
equivocado el camino.
Pues que aquella misma tarde,
un viejo pastor me dijo
habían estado en la choza,
con el caballo rendido,
el mancebo y la morisca
que buscaba con ahínco.
También me indicó la senda
que tomaron y aun el sitio
donde estarían, que incautos
tal vez de él dieron indicios.
Me arrojé a su alcance al punto
más constante y más activo
aunque ya mis camaradas
estaban desfallecidos.
Marchamos la noche toda,
y ya en el término mismo
de Castilla, al Sol naciente
llegamos a un lugarcillo
miserable, y en su ermita
con los desdichados dimos.

Marqués (Admirado.) ¿En una ermita?

Sargento   Y con ellos
            un sacerdote...

Marqués   ¡Dios mío!
            ¿Un sacerdote?

Sargento   Allí estaba...

Comendador	¿Cómplice...?
Sargento	Yo sus designios no sé, señores, ni tiempo le di para descubrirlos, pues fui más veloz que un rayo en cuanto a los fugitivos reconocí, en sorprenderlos. atarlos y conducirlos. El mancebo, valeroso, uso hacer restado quiso de un pedreñal, que llevaba junto al estoque, en el cinto. Pero yo con la jineta le di un golpe con tal tino, que le hice perder el suyo rindiendo a mis pies su brío. La morisca desmayóse y el cura resistir quiso que los prendiese, y furioso yo no sé cuánto me dijo de matrimonio, de fieles. de profanación, de ritos. Pues sin escucharle nada. asegurados y listos, saqué al campo mis dos presos y hacia aquí tomé el camino.
Conde	De su majestad en nombre, por tan completo servicio, os doy la bengala.
Comendador	Es justo.

Marqués	El rey sabrá vuestro brío.
Sargento	Yo me confundo, señores, y honras tan grandes estimo.
Marqués (Suspenso.)	¿En una ermita...? ¿Con ellos un sacerdote...? Es preciso...
Conde	(Interrumpiéndole con severidad.) Nada en el momento importa. Fácil será descubrirlo después. Lo que ahora interesa es que salgan al suplicio.
Comendador	(Al Sargento.) ¿Y habéis, decid, descubierto, por ventura, en el camino algo de sus locos planes?
Sargento	Ni una palabra me han dicho: a mis continuas preguntas, con sollozos y gemidos la morisca contestaba: el mancebo con desvío, guardando tenaz silencio impenetrable y tranquilo.
Conde	Son esos perros muy duros.
Marqués	¿Él es también un morisco...?
Sargento	No, señor; que es caballero español, y muy altivo. Su porte y sus ademanes

             dan de alta nobleza indicios.

Marqués (Con interés.)¿Y la morisca?

Sargento   Confieso,
             y no soy muy compasivo,
             que lástima algunos ratos
             me causaba el verla, fijos
             en el mancebo los ojos;
             y el rostro que es un prodigio,
             de lágrimas inundado.

Comendador   ¿Y fugarse, no han querido?

Conde   ¿No han tentado con ofertas
             vuestra lealtad?

Sargento   Pues qué, digo:
             ¿a esta cara, a estos mostachos
             se atrevieron los nacidos
             con tales proposiciones?...
             Se guardaran, ¡vive Cristo!

Conde   ¿Y les hallasteis papeles?

Sargento   Lo primero fue el bolsillo
             registrarles, y, por cierto,
             no lo llevaban provisto.
             Y aunque lo hubieran llevado
             de oro y de joyeles ricos...,
             ¡Dios me libre!, por mi vida
             seguro estaba, lo afirmo,
             que soy montañés, y nunca
             me apropio lo que no es mío.

                    Registrélos por si acaso
                    encontraba algún indicio
                    de traición. Más solamente
                    en la escarcela del lindo,

(Saca un paquete de cartas atadas con un listón.)

                    atados con esta cinta
                    encontré estos papelillos,
                    que me parecen las cartas
                    de algún buen padre a su hijo.
                    Pero como no conserva
                    ninguna su sobrescrito,
                    y están en abreviatura
                    las firmas, nada he pedido
                    yo, que soy lector escaso,
                    sacar, señores, en limpio.

Conde   A ver..., dádmelas.

Sargento (Se acerca a la mesa y entrega el paquete al Conde.)
                                    Son éstas;
                    no llevaba más consigo.

Conde   Id con Dios. Muy satisfecho
                    queda de vuestros servicios
                    el Consejo, y el despacho
                    tendréis de capitán vivo.

Sargento   Y yo, por honra tan grande,
                    ante el Consejo me humillo.
(Aparte, yéndose.) Si hoy empuño la bengala,
                    no habrá quien pueda conmigo.

(Vase.)

Marqués   (Con ansiedad.)
             Señor conde, ¿qué os detiene
             las cartas en recorrer?
             Importante puede ser
             lo que en ellas se contiene.

Conde (Pone el paquete, cual lo recibió, sobre la mesa, y encima de él, la mano.)
             Según ha dicho el sargento,
             no presentan luz alguna.
             Y si le dan, oportuna
             no la juzgo en el momento.

Comendador (Perplejo.)   Si es caballero español
             ese reo..., descubrir...

Conde (Con entereza.) ¿Para qué, si ha de morir,
             aunque fuera el mismo Sol?
             De nada le sirve al juez
             el nombre del delincuente;
             antes, gran inconveniente
             es el saberlo tal vez.
             Que ese preso ha asesinado
             a un capitán, de servicio
             en importante ejercicio,
             ¿no está, señores, probado?

Marqués y Comendador   Sí lo está.

Conde   Y la general
             ley, de todos conocida,
             ¿no condena al homicida

                            a la pena capital?

Marqués y Comendador   Es cierto.

Conde   ¿Y no es evidente
                            que siendo traidor al rey
                            ha quebrantado la ley,
                            en que terminantemente
                            se prohíbe el impedir
                            del bando infiel la expulsión,
                            condenando, y con razón,
                            a quien lo intente a morir?

Marqués y Comendador   No hay duda.

Conde (Resuelto.)   Pues solo veo
                            en quien hizo tales cosas
                            de dos penas capitales
                            un imperdonable reo.
                            Y dada desde esta silla
                            una sentencia legal,
                            aunque sea el criminal
                            un infante de Castilla,
                            se ha de cumplir, ¡vive Dios!

(Entra el Secretario.)

Secretario   Ya va a publicarse el bando,
                            y el pueblo hierve anhelando...

Conde   ¿El suplicio de los dos?
                            Dentro de una hora será.

Secretario   No, señor. Suenan rumores...

Conde (Con desprecio.)　　　　　　¿Qué dicen los habladores?
　　　　　　　　　　　　　　　　Mas ¿quién crédito les da?...

Secretario　　　　Dicen que un grande de España
　　　　　　　　es el mancebo.

Conde (Con burla.)　　　　　　　¿No más?

Secretario　　　　Y que su acción es quizás,
　　　　　　　　más bien que delito, hazaña.
　　　　　　　　Dicen que cristiana: y fiel
　　　　　　　　es la morisca... Son varios
　　　　　　　　los cuentos extraordinarios
　　　　　　　　que de ella cunden y de él,
　　　　　　　　y reina gran ansiedad.

Conde (Con viveza.)　Las tropas a todo evento,
　　　　　　　　no haya algún traidor intento,
　　　　　　　　señor marqués, preparad.

Marqués　　　　　(Levantándose.)
　　　　　　　　Voy; mas juzgo necesario,
　　　　　　　　puesto que en la población
　　　　　　　　reina alguna agitación,
　　　　　　　　como dice el secretario,
　　　　　　　　a punto fijo saber
　　　　　　　　la importancia del tal reo,
　　　　　　　　y por esas cartas creo
　　　　　　　　que se podrá conocer,
　　　　　　　　pues, aunque el sargento, rudo,
　　　　　　　　nada de ellas descubrió,
　　　　　　　　si bien se examinan, yo
　　　　　　　　que algo se encuentre no dudo.

Comendador	Pues que no se ha de alterar
por su contenido en nada
la sentencia pronunciada,
se pueden examinar,
para que las precauciones,
según la clase del preso...
Marqués	Solamente para eso
busco estas indagaciones.
Conde (Incomodado.)	Accedo, contra mi gusto,
si os anima ese interés,
pues con esa razón es
que yo me conforme justo.

(Desata el paquete de cartas, y al ver la primera se demuda, tiembla, se levanta y manifiesta gran sorpresa y turbación.)

	¡Cielos!... ¡Cielos!... ¿Es verdad,
o es un sueño que me engaña?...
Marqués (Aparte.)
(Alto.)	¡Qué turbación tan extraña!
¿Por qué, conde, esa ansiedad?...
Conde	¡Ay de mí!... ¡Suerte cruel!
Comendador	¿Qué descubrís, señor conde?
¿Qué grave secreto esconde
ese angustioso papel?
Marqués (Dudoso.)	Yo la causa no colijo...
Conde (Fuera de sí)	Amigos..., el criminal

| | que va al cadalso fatal... |
| | es... |

| Marqués y Comendador | (Con gran ansiedad.) |
| | ¿Quién es? |

Conde   ¡Cielos! Mi hijo.

(Cae sin sentido en el sillón, y le cercan y socorren, atónitos, el Marqués, el Comendador y el Secretario.)

Escena III
Decoración corta, que representa el interior de una reducida prisión, y salen María y Don Fernando, vestido de soldado, y ambos con cadena y en gran abatimiento

María   ¡Oh Fernando!

Fernando   ¡Ay María!

María   ¡Esposo mío!... ¡Cielos!

Fernando
           Al darme tú ese nombre
           en guirnaldas se tornan estos hierros.
           ¿Qué me importa la vida,
           si en tus brazos la pierdo,
           y juntas nuestras almas
           de este mundo infeliz alzan el vuelo,
           inocentes y puras,
           a recibir a un tiempo
           en la mansión celeste
           la santa bendición del Dios eterno?

María   ¿Tú morir...? ¡Mi Fernando!

                ¿Tú morir...? Me estremezco.
                ¿Qué delito es el tuyo?...
                Muera yo sola, pues delito tengo.
                Sí, nací delincuente;
                la sangre que en mi pecho
                por ti late es delito,
                delito propio que pagar yo debo.
                Pero ¿tú...?

Fernando	El adorarte
	es un crimen horrendo
	a los ojos del mundo,
	y de tal crimen me pongo reo.
María	¡Fernando!
Fernando	¡Dulce esposa!
María	(Con gran vehemencia.)
	Sálvate, te lo ruego.
	No me espanta la muerte,
	no me espantan los bárbaros tormentos,
	si tu vida se salva.
Fernando	Yo sin ti la detesto,
	y es ya morir contigo
	la mayor dicha, que afanoso anhelo.
María	¡Fernando!... Tus palabras
	desgarran, ¡ay!, mi pecho.
	¿Tú morir...? No, ¡Dios mío!
	Una víctima basta.
Fernando	(Con gran ternura.)

                              Amor y el Cielo
                    hoy piden dos.

María   Esposo,
                    yo sola morir debo.
                    Cumpliéronse mis días...,
                    pues alcancé a ser tuya, y nada espero.
                    Pero ¡tú...! ¿No contemplas
                    el porvenir inmenso
                    que Dios te da propicio?...
                    Ingrato, ¿podrás tú desconocerlo?
                    Tu padre..., sí, tu padre...

Fernando   Calla, calla, ¡oh tormento!...
                    Allá en Flandes me juzga.
                    Sepa quién soy después que hubiere muerto
                    ¿Yo, sin poder salvarte,
                    intentar...? ¡Dios eterno!
                    Jamás.

María   Sí, que resuelta
                    a revelarle voy todo el secreto.
                    Yo llamaré a tu padre,
                    y a sus pies...

Fernando   Vano esfuerzo:
                    es un juez inflexible.

María   Pero es padre también.

Fernando   También soy reo.

María   ¿De qué crimen?

Fernando	De amarte.
María	¿Qué importa, si yo muero?
Fernando	De un homicidio.
María	Es falso. El dar castigo a un forzador perverso salvando a una infelice, no ha sido en ningún tiempo crimen. Y tu inocencia publicará mi labio al Universo.
Fernando	Y moriré.

(Se oye ruido y el cerrojo y llave de la prisión.)

María (Suspensa.)	¿No escuchas?...
Fernando	¡Qué horror!...
María	¿Llegó el momento...?
Fernando	(Mirando a la puerta sobrecogido de terror.) ¡Mi padre!... ¡Oh desventura! Huye, déjame solo, te lo ruego.

(Empuja a María con violencia hasta sacarla de la escena, y él queda confuso al lado opuesto de aquel por donde se escuchó el ruido. Sale el Conde de Salazar, embozado, y se detiene a la entrada, clavando los ojos en Don Fernando y retirándolos al empezar a hablar.)

Conde	Él es. ¿Podrá mi valor tan alto punto alcanzar?

| | Mi planta siento temblar.
| | ¡Oh cielos!..., dadme favor.
| | Mas si él es..., ¿qué espero aquí?
| | Si es cierta mi desventura,
| | ¿qué busco ya, qué procura
| | mi afán?... ¡Infeliz de mí!
(Pausa.)   Si no fuera criminal...
| | ¡Ay!... Si disculpa aun tuviera...
| | Si alguna desdicha fiera
| | le arrebató a exceso tal...
| | ¿Ya pretendo alucinarme
| | buscando disculpas vanas?
| | ¿Quiero mancillar mis canas?
(Resuelto.)   Solo huyendo he de salvarme.

(Va a partir, y se detiene, a la primera voz de Don Fernando, pero sin desembozarse ni volver el rostro.)

Fernando   ¡Padre! ¡Señor!... ¡Padre mío!

(Corre y se arroja a sus pies, y le abraza las rodillas.)

| | Una vez entrado aquí,
| | ¿os vais sin hablarme así,
| | abandonándome impío?

Conde (Inflexible y sin volver el rostro y con afectado sosiego.)
| | Tengo un hijo solamente,
| | que sigue en Flandes la guerra.
| | ¿Cómo puede en esta tierra
| | preso estar, ser delincuente?

Fernando   Golpes de fortuna son,
| | que explicados...

Conde	(Con reconcentrado furor.) ¿Explicar, ¡oh traidor!, el ayudar a la morisca nación?
Fernando (Abatido.) (Despechado.)	¿Yo..., caballero..., cristiano, a tal crimen arrojarme...? Y ¿quién osa apellidarme traidor?... ¡Cielo soberano! ¡Padre!
Conde	(En la misma actitud.) El delito es patente. ¿No osasteis vos atacar los rebeldes por salvar...?
Fernando	(Con energía.) Quien tal os ha dicho, miente.
Conde	Y de noche en un camino, quebrantando toda ley, ¿de un capitán de su rey fuera mi hijo el asesino?
Fernando (Con entereza.)	(Levantándose con dignidad.) ¡Padre, padre! Basta ya. ¡Asesino...! ¿Quién, señor? ¿De vuestra sangre el valor juzgáis que tan bajo está? Con razón y frente a frente, cruzándose los aceros, cual cumple entre caballeros, le herí, señor, noblemente

                    a una infelice amparando
                    que en un monte violentar
                    quiso el feroz militar,
                    de su poder abusando.
                    Al gemido del despecho
                    de la víctima acudí,
                    y logré salvarla, sí...
                    Vos lo mismo hubierais hecho:
                    que amparar a una mujer
                    oprimida y principal
                    de todo ultraje brutal
                    es un sagrado deber.

Conde (Se va volviendo lentamente enternecido al oír los últimos versos; se desemboza, y sin mirar aún a su hijo, dice aparte, muy conmovido.)
                    ¡Cielos..., cielos!... Si es así,
                    disculpa tiene tu arrojo,
                    gran disculpa.
(Alto.)   Me sonrojo
                    de haber dudado de ti.
(Le echa los brazos.) ¡Hijo mío!... ¡Hijo!

(Después de una ligera pausa, recobra su entereza y lo separo de sí con severidad.)

                                     Mas... no.
                    Con la mora te fugaste,
                    y el decreto quebrantaste
                    que darle amparo prohibió.
                    Y salvando de Albenzar
                    a la atrevida heredera,
                    del rebelde la bandera
                    del polvo osastes alzar.

Fernando		(Con vehemencia.)
¡Padre..., padre!... Yo salvé
en tan crítico accidente
a una mujer inocente
que nunca rebelde fue.
(Con entusiasmo.)		Cristiana es, pura, leal,
de Albenzar la hija. Es portento
de virtud y entendimiento,
un encanto celestial.
(Cae de rodillas a los pies padre.)
Y..., padre, padre, perdón.
Es la esposa de tu hijo.
Conde (Atónito.)		¿Qué es lo que tu labio dijo?
¿Esposa tuya...? ¡Oh baldón!
(Con gran ansiedad.)		¿Cuándo...? Acaba... ¿Cómo pudo...?
Fernando (Ahogado.)		Cuando nos halló el sargento
se elevaba a sacramento
nuestro indisoluble nudo.
En un lugar de mi estado
nos ha unido a ambos a dos
el sacerdote ante Dios
con el rito acostumbrado.
Conde		¿Tú de una morisca...? Di.
Fernando		Dios santo es de ello testigo.
Conde (Furioso.)		¡Infeliz! Yo te maldigo.
Fernando		(Aterrorizado.)
¡Padre!... ¡Qué horror!... ¡Ay de mí!

(Cae al suelo.)

Conde   (En actitud amenazadora y con terrible furor.)
                     Vuele al cadalso la infiel,
                     y que del verdugo el brazo
                     rompa y destroce ese lazo,
                     dogal para mí cruel.
(Yéndose precipitado.) Que no se retarde más
                     el suplicio, ni un instante.

Fernando   (Arrastrándose tras de su padre.)
                     Como esposo, como amante,
                     debo también...

Conde   (Volviendo con rapidez.)
                                     Morirás.

(Vase. Sale María y estrecha en sus brazos a Don Fernando.)

María   Todo lo escuché... ¡Dios mío!
                     De bronce o de mármol soy,
                     pues lo escuché y viva estoy.
                     ¡Oh crueldad!... ¡Oh padre impío!
                     Fernando..., Fernando..., esposo...

Fernando   Mejor, dime tu verdugo,
                     pues darme al Destino plugo
                     tormento tan espantoso.
                     Yo... Sí, de tu perdición
                     soy la causa...
(Desesperado.)   ¡Horrible suerte!,
                     pues que te arrastro a la muerte
                     con mi necia indiscreción.
                     De mi padre la violencia,

	para romper nuestro lazo,
	a apresurar corre el plazo
	de la espantosa sentencia.

María   ¡Fernando!

Fernando   Ya no hay piedad;
             cerróse toda esperanza.

María   Aún tengamos confianza
             en la celeste bondad.

Fernando   Me horrorizo, me confundo...

María   Si te salvo con mi muerte,
             como ya espero, mi suerte,
             es la más feliz del mundo.

Fernando   ¿Yo sin ti la vida...? No;
             juntos al Cielo volemos,
             que allí el amparo tenemos
             del que al hombre redimió.

(Salen el Alcaide y dos Alabarderos.)

Alcaide   Si sois cristiano, venid,
             que un religioso os espera
             en la capilla de afuera;
             vuestras almas prevenid.

María   ¡Fernando!... ¡Esposo!...¡Qué horror!

Fernando   (Con resignación y dignidad.)
             Pura, angelical María,

sea la Virgen nuestra guía,
y muramos con valor.

(Vanse.)

Escena IV
Representa el gran salón del Consejo. Entran el Comendador y el Secretario

Comendador
Terrible es la situación
del conde de Salazar.
¿Es cierto que fue a apurar
su desdicha a la prisión?

Secretario
El hijo a reconocer,
pues aun dudaba que él fuera,
entró en la torre.

Comendador
Quisiera
poderle en algo valer.
¡Tal afrenta!... ¡Desdichado!
¿Su hijo heredero traidor...?
A mancha tal en su honor,
¿qué objeto le habrá llevado?
Parece imposible.

Secretario
Es cierto.
Yo juzgo que alguna cosa
escondida y misteriosa
reina en tanto desconcierto.

(Entra el Marqués de Caracena apresurado.)

Marqués
¿Dónde..., dónde el conde está?

Secretario   No ha vuelto de la prisión.

Marqués   Muy temible agitación
                      cundiendo en el pueblo
                      va, y es preciso...

Secretario   El conde viene.

Comendador   (Mirando a la entrada.)
                      De un cadáver insepulto
                      mejor dijerais el bulto:
                      de un espectro el aire tiene.

(Sale el Conde de Salazar demudo y descompuesto, y, sin reparar en nadie, se arroja despechado en un sillón.)

Comendador   (Acercándose con timidez.)
                      Señor conde, y ¿es verdad...?

Conde   (Con terrible acento.)
                      Al cadalso esa mujer.
                      ¡Pronto, pronto!

Marqués (Con firmeza.)   Puede haber
                      alguna dificultad.

Conde (Furioso.)   Ninguna. Al cadalso luego.
                      De este peso me liberte,
                      que hoy me abruma, con su muerte.

Marqués   (Acercándose.)
                      Señor, escuchadme, os ruego.
                      La morisca está casada.

Conde (Fuera de sí.) ¡Infamia!... ¡Afrenta! El sayón
 tal lazo de maldición
 romperá.

Marqués (Con tesón.) Queda salvada
 siendo su esposo cristiano:
 la ley terminante es.

Conde No en este caso, marqués.

Marqués y Comendador Considerad...

Conde (Levantándose y con actitud y tono de dominio.)
 Es en vano;
 que la sangre de Albenzar
 se extermine manda el rey,
 y ésta es la suprema ley,
 que cumplida ha de quedar.

Voces (Dentro.) Detente.

Otras voces (Dentro.) Atrás.

Otras (Dentro.) ¿Estás loca?

Felisa (Dentro.) Entraré, aunque os pese a vos,
 que el paso abre siempre Dios
 a quien su justicia invoca.

Marqués (Sobresaltado.)
 ¿Qué alboroto puede ser...?

Comendador (Mirando afuera.)
 Los guardias atropellando

	hasta aquí mismo va entrando frenética una mujer.
Felisa	(Dentro, pero más cerca.) Dios me envía; respetad...
Voces	(Dentro, pero cerca.) Atrás... Pronto.
Felisa (Dentro.)	Es inocente, y Dios justo no consiente.
Marqués	(Decidido, acercándose a la entrada.) Guardias, el paso dejad.

(Entra Felisa muy agitada descompuesta.)

Felisa (Fuera de sí.)	No es morisca, que es cristiana. De Albenzar no es hija, no; del trueque culpa soy yo: es de sangre castellana. Comendador Y Secretario. ¿Qué dice?
Marqués (Con viveza.)	¿Qué?...
Conde	¡Oh confusión!
Marqués	(Acercándose a Felisa con mucho interés.) Habla, mujer.
Conde (Agitado.)	Habla, di.
Felisa	Prestad, que os cumple, atención.

(Con rapidez.)   Ha dieciocho años
que estando una noche
con mi amado esposo,
que del Cielo goce,
sola en mi cabaña,
en aquellos montes
que en sus hondas quiebras
a Alajuar esconden,
tocó fatigado,
perdido en el bosque,
huyendo la furia
de unos salteadores,
pidiendo socorro,
a mi puerta un hombre.
Bajó de un caballo,
y en la choza entróse;
y al desembozarse
demostró en su porte
ser hombre de cuenta,
que esto se conoce.
Vi que un envoltorio
resguardaba, donde
de un recién nacido
noté los clamores.
Pregunto curiosa,
me acerco, y mostróme
un ángel del Cielo,
una niña, entonces
de dos o tres días,
con tales facciones,
con tanto atractivo
de celestes dotes,
que con sus encantos
el alma robóme.

                    Presentéle el pecho,
                    y ansiosa tomóle
                    (tres meses habría
                    que de mis amores
                    el fruto perdiera),
                    y la niña hallóse
                    tan bien en mis brazos,
                    que al momento el hombre,
                    si quería encargarme
                    de ella, preguntóme.
                    «Con el alma», dije;
                    y él repuso entonces:
                    «Ya está cristianada;
                    María es su nombre,
                    y de vuestras dichas
                    puede ser el norte.
                    Mas secreto importa,
                    que un misterio esconde
                    que interesa mucho
                    a grandes señores.
                    Yo volveré a veros,
                    pues que ya sé dónde».
                    Y algunas monedas
                    dándome, partióse.

Marqués (Muy agitado)   Acabad.

Felisa   Yo, loca,
                    no con tales dones,
                    sino con la niña,
                    a poner fui en orden
                    sus ricos pañales,
                    que decían a voces
                    ser aquella prenda

	de sangre muy noble.
Marqués	(Con ansiedad.)
	Y ¿qué hicisteis?... Dime.
	¿En dónde está?... ¿Dónde?
	Infeliz, acaba,
	que el alma me rompes.
Felisa	A los pocos días
	de parto murióse
	de Albenzar la esposa,
	y proposiciones
	de criar su hija
	me hicieron. Entróme
	deseo, llevada
	(que al cabo era pobre)
	de obligar con ello
	a Albenzar, al hombre
	de mayor riqueza
	en aquellos montes;
	y amo, a quien servían
	también de pastores
	mi padre, ya viejo,
	y mi esposo, aún joven;
	accedí, encarguéme
	de la crianza doble;
	tomé a la morisca,
	y a las pocas noches
	tuve la desgracia
	de que diera un golpe,
	mientras yo dormía,
	cayendo del borde
	de la cama al suelo,
	que la muerte dióle.

	Yo, desatentada, confundida entonces, de Albenzar temiendo los justos furores, y no habiendo vuelto a ver a aquel hombre que la otra criatura me trajera...
Marqués	Acorte palabras tu labio, excuse razones. Le diste por hija la niña del bosque.
Felisa	Sí, Señor. Confieso mi delito enorme. Le engañé. Y a poco con ella llevóme a su casa, y nunca de mí separóse.
Marqués (Aparte.)	¿Cómo yo encontrarla con morisco nombre?
(Alto, a Felisa.)	Infame..., ¿la hiciste morisca?... Responde.
Felisa (Con fervor.)	La crié cristiana, que, aunque nací pobre, de cristianos viejos y de raza noble castellana sangre por mis venas corre. Cristiana, inocente

	es esa que, atroces, habéis condenado. (Profunda, sensación.) ¡Dios os lo perdone!
Conde	¡Oh cielos!... Respiro.
Marqués	Y ¿encontraste sobre la niña..., en sus ropas...?
Felisa	En un lienzo doble, este pergamino esta cruz.

(Saca del pecho un pequeño pergamino escrito y una crucecita de oro, que entrega al Marqués. Este reconoce uno y otra enajenado de gozo.)

Marqués	Rompióse el velo angustioso, al fin la hallé... Y ¿dónde? ¡Ay hija del alma!
(Dentro cajas.)	¡Funesto redoble!
Conde	Volad, secretario; suspended el golpe...
Marqués	(Con ansiedad.) Volad, y rompiendo sus duras prisiones, vengan a mis brazos.

(Vase el Secretario.)

Felisa	(Enajenada de gozo.)

                        ¡Oh Virgen!... Salvóse.

(Va a marchar, y la ase de un brazo y la detiene el Conde.)

Conde   Mujer, decid: ¿es seguro
                        cuanto aquí habéis revelado?

Felisa   Yo por el crucificado
                        delante de Dios lo juro.
                        El vicario de Alajuar,
                        a quien yo en la confesión
                        hice esta declaración,
                        me puede justificar.

(La suelta el Conde y se va.)

Conde   (Deteniendo al Marqués.)
                        ¡Señor marqués...!

Marqués   (Con viveza.)
                                        Sí; es mi hija,
                        y de una ilustre señora...
                        No es posible entrar ahora
                        en esta historia prolija.
                        Basta decir que casado
                        yo con la madre estuviera,
                        si la muerte no la hubiera
                        a mi amor arrebatado.

Comendador   (Deteniéndolo también.)
                        La niña, ¿cómo quedó
                        en un abandono tal?

Marqués   Porque mi estrella fatal

                en ahogarme se empeño.
                Mataron los salteadores,
                al volver, a mi criado,
                y me quedé condenado
                a mil dudas y temores.
                Después mil pesquisas hice
                en vano... ¿Cómo acertar
                que era la hija de Albenzar
                la que buscaba...? ¡Infelice!

Comendador   Ya vienen.

Marqués (Enajenado.)   ¡Dulces pedazos
                          del alma!
(Observando.)   ¡Ay!... ¡Su madre es!

(Entran Don Fernando con Corbacho, María con Felisa y demás Guardias y Pueblo de Valencia.)

Fernando   (Arrojándose a los pies del Conde.)
                Padre mío, a vuestros pies...

Conde   (Con gran ternura.)
                Toma, hijo mío, los brazos.

(Se abrazan.)

María   (Arrojándose en brazos del Marqués.)
                ¡Señor!... ¿Vos...?

Marqués   (Fuera de sí.)
                        ¡Oh prenda mía!
(Pausa.)   ¡Oh conde!...

Conde ¡Oh marqués! ioh amigo!
Yo su santa unión bendigo.

(El Conde empuja de un lado a Don Fernando, y el Marqués, de otro a María para que se abracen.)

Marqués (Al Conde.) Será la heredera mía.

Comendador (Enternecido.)
¡Cielos!

Felisa (A Corbacho.) Milagro es patente.

Corbacho Lo es sin duda.

Comendador A la inocencia
siempre ampara la clemencia
del Dios Santo omnipotente.
Sevilla, 1841.

Fin de «La morisca de Alajuar»

Libros a la carta

A la carta es un servicio especializado para
empresas,
librerías,
bibliotecas,
editoriales
y centros de enseñanza;
y permite confeccionar libros que, por su formato y concepción, sirven a los propósitos más específicos de estas instituciones.

Las empresas nos encargan ediciones personalizadas para marketing editorial o para regalos institucionales. Y los interesados solicitan, a título personal, ediciones antiguas, o no disponibles en el mercado; y las acompañan con notas y comentarios críticos.

Las ediciones tienen como apoyo un libro de estilo con todo tipo de referencias sobre los criterios de tratamiento tipográfico aplicados a nuestros libros que puede ser consultado en Linkgua-ediciones.com .

Linkgua edita por encargo diferentes versiones de una misma obra con distintos tratamientos ortotipográficos (actualizaciones de carácter divulgativo de un clásico, o versiones estrictamente fieles a la edición original de referencia).

Este servicio de ediciones a la carta le permitirá, si usted se dedica a la enseñanza, tener una forma de hacer pública su interpretación de un texto y, sobre una versión digitalizada «base», usted podrá introducir interpretaciones del texto fuente. Es un tópico que los profesores denuncien en clase los desmanes de una edición, o vayan comentando errores de interpretación de un texto y esta es una solución útil a esa necesidad del mundo académico.

Asimismo publicamos de manera sistemática, en un mismo catálogo, tesis doctorales y actas de congresos académicos, que son distribuidas a través de nuestra Web.

El servicio de «libros a la carta» funciona de dos formas.

1. Tenemos un fondo de libros digitalizados que usted puede personalizar en tiradas de al menos cinco ejemplares. Estas personalizaciones pueden ser de todo tipo: añadir notas de clase para uso de un grupo de estu-

diantes, introducir logos corporativos para uso con fines de marketing empresarial, etc. etc.

2. Buscamos libros descatalogados de otras editoriales y los reeditamos en tiradas cortas a petición de un cliente.

www.ingramcontent.com/pod-product-compliance
Lightning Source LLC
Chambersburg PA
CBHW051343040426
42453CB00007B/391